Elfriede Brüning

Gefährtinnen

Porträts
vergessener Frauen

Mit einem Vorwort
von Klaus Höpcke

Karl Dietz Verlag Berlin

Gefördert durch die Rosa-Luxemburg-Stiftung Berlin

ISBN 978-3-320-02242-6

2., erweiterte Auflage 2010

Die Veröffentlichung der Beiträge über Berta Waterstradt und Annemarie Auer
erfolgt mit freundlicher Genehmigung des dtv, München
Umschlag: MediaService/Heike Schmelter
Satz: Brigitte Bachmann
Druck und Bindearbeit: Interpress Budapest
Printed in Hungary

Vorwort

In diesem Buch der im Jahre 2010 ihr hundertstes Lebensjahr vollendenden Schriftstellerin Elfriede Brüning erfahren wir Aufregendes aus dem Leben von acht deutschen Frauen im zwanzigsten Jahrhundert. Mit einer Ausnahme ist die Autorin ihnen persönlich begegnet. Das ermöglichte es ihr, in wirklichkeitsnaher Weise darüber zu schreiben, was diese ihr zu Gefährtinnen gewordenen Frauen gedacht und getan haben.

Wen lernen wir kennen?

Hella Manigk, zum Beispiel. Über sie heißt es, sie habe zwei Menschen das Leben gerettet. Bei den Geretteten handelte es sich um zwei aus einem Kriegsgefangenenlager der Nazis entflohene Sowjetsoldaten. Zeitpunkt der Flucht: Ende Februar/Anfang März 1945. Ort des Geschehens: Ückeritz, auf Usedom, 15 Kilometer von Peenemünde entfernt. Wie viel Zeit noch bis zur Befreiung vom Hitlerfaschismus vergehen würde, wussten damals weder Frau Manigk noch die im Wald herumirrenden ehemaligen Soldaten. Die musste verstecken, wer sie retten wollte. Die Frau hatte den Mut, die Aufnahme der Kriegsgefangenen zu wagen. Sie sorgte dafür, dass sie in einem zu ihrem Häuschen gehörenden Verschlag Unterschlupf fanden. Und sie suchte Kleidung für sie heraus und beschaffte Nahrung für die beiden. Das alles 52 Tage lang durchzustehen, ohne dass etwas entdeckt wurde, darin lag Hella Manigks Leistung. Es bewährte sich darin auch ihr Vertrauen in die Verschwiegenheit ihrer Kinder und anderen Verwandten.

Elfriede Brüning, die dieses Geschehen in seiner ganzen Brisanz ins Bild setzt, scheut sich nicht, kritisch zur Sprache zu bringen, wie Hella Manigk sich später verletzt fühlen musste, als sie für ihr Handeln nach 1945 bei uns weniger Achtung erfuhr, als wenn sie während der Nazi-Zeit im Gefängnis eingesperrt gewesen wäre. Ja, Bürgermeisterin wurde sie in ihrem Ort, und sie arbeitete als Russischlehrerin. Und nach längerer Zeit bekam sie vom Volksbildungsministerium eine Medaille und von der Freundschaftsgesellschaft die Goldene Ehrennadel. Aber nicht ernst genommen zu werden im Sinne von: nicht anerkannt zu sein für ihr Handeln als Kommunistin zu einer Zeit, als es den Kopf kosten konnte, das erfüllte sie mit Bitterkeit. Eine Bitterkeit, die auch im Gemüt der Leser nicht löschbar ist. Gut, dass Elfriede Brüning das nicht schweigend übergangen hat.

Ans vierfach Wunderbare grenzt hingegen, dass es Hella Manigk, die sich 1945 vorm Abschied von ihren Schützlingen deren Namen und Geburtsorte hatte aufschreiben lassen, bei einer Russischlehrer-Weiterbildungsreise nach Moskau gelingt, die beiden wiederzusehen: Wunderbar, dass sie noch lebten, auch die Nachkriegswirren überlebt hatten. Wunderbar, dass sie auffindbar waren und gefunden wurden. Wunderbar, dass Hella sich mit ihnen treffen konnte – mit Iwan aus Leningrad und Michail aus der Umgebung von Rostow am Don. Und dann das Wunderbare der Herzlichkeit bei allen Begegnungen.

Kontrapunktisch lassen Autorin und Verlag dem Hella-Manigk-Porträt den Bericht »Achtzehn Jahre im Straflager« folgen, worin wir Anni Sauer kennenlernen. Zunächst in ihrem DDR-Alltag. Sie ist Musikpädagogin und leitet eine Kindergruppe, die sie auch in Bewegungsübungen betreut und mit der sie aktiv an Solidaritätsveranstaltungen teilnimmt. Die Kinder singen und tanzen, und die Veranstaltungsteilnehmer spenden für den Solidaritätsfonds. Elfriede Brüning begegnete Anni Sauer Mitte der siebziger Jahre. Und sie interessierte sich, nachdem ihre Bekanntschaft vertrauter wurde, für den Lebensweg, den Anni gegangen war.

Was Elfriede erfuhr, gehört zu den schmerzlichsten persönlichen Tragödien in der internationalen kommunistischen Bewegung des zwanzigsten Jahrhunderts. Was Anni berichtete, hat Elfriede sorgfältig notiert. Mir scheint, es sind die erschütterndsten Seiten in diesem Buch.

Anni, die nach ihrer Ausbildung in Tanz und Pädagogik im Jahre 1931 in Düsseldorf Mitglied der Kommunistischen Partei geworden war, hatte eine Kindergruppe gebildet, mit der sie häufig bei Parteiveranstaltungen aufgetreten ist. 1933 folgte sie ihrem Mann ins Exil nach Paris. Nachdem sie von den dortigen Behörden einen Ausweisungsbefehl erhalten hatte, fuhr sie nach Moskau. Hier unterstützte sie 1936 noch eine Art kulturell-künstlerische Gegenolympiade, das Kontrastprogramm zur olympischen Nazi-Propagandaschau in Berlin.

Kurz danach aber, ab 1937, brach wie über viele Sowjetbürger und ihre Gäste auch über sie das Unheil los: Schließung des »Klubs ausländischer Arbeiter«, Spionageverdächtigungen, Verhaftungen, Gefängnisaufenthalte, Transport in Viehwaggons in eisiger Kälte in eines der in Kasachstan errichteten oder noch mit eigenen Händen zu errichtenden Lager der Verfolgungsopfer. Fürchterlich auch die nach Stalins Tod dem Straflager folgende Verbannung.

1957 – zwanzig Jahre, nachdem man sie in Moskau verhaftet hatte – wurde sie rehabilitiert. Wegen eines längeren Klinikaufenthalts konnte sie die Urkunde nicht selbst in Empfang nehmen. Es war Karl Liebknechts Sohn, der sie ihr überbrachte.

Sie übersiedelte in die DDR, und es kam hier zu jener segensreichen Arbeit mit den Kindern, wovon am Beginn des Berichts über Anni Sauer so lebhaft erzählt wird. Dazwischen aber lag eine üble Konfrontation in der ZK-Kaderabteilung.

Man zerriss den von ihr wahrheitsgemäß ausgefüllten Fragebogen. Man fürchtete ihr Wort wie das Wort anderer nun doch noch zurückgekommener Kampfgefährten: das Wort »lebender Zeugen einer Barbarei, die unter Stalin um sich gegriffen hatte«.

Elfriede Brüning danken wir für die Überlieferung auch dieses mahnenden Kapitels von Anni Sauers Biographie: niemals die Wahrheit zu verschweigen oder zu verdrängen, die in Verbrechen liegt, die unter Berufung auf sozialistische Ziele begangen wurden.

Diese Berufung war verlogen und falsch. Ja. Aber das macht sie nicht ungeschehen, sondern tief beschämend und auf immer bedenkenswert.

Wie Hella Manigk aus Ückeritz wurde auch Lisbeth Samain, die spätere Jugendrichterin, nach dem Zusammenbruch des Hitlerreichs in der kleinen Gemeinde Cahnsdorf bei Luckau zunächst einmal Bürgermeisterin. Sie besuchte bald danach in Potsdam die Richterschule und arbeitete sodann am Jugendgericht in Berlin.

Von dieser Arbeit handelt das Porträt, das Elfriede Brüning von ihr entwirft. Wie sie sich in dieser Arbeit sieht, davon zeugt folgende Episode: Ein Mädchen, das mit anderen Jugendlichen einer achten Schulklasse einer Gerichtsverhandlung beigewohnt hatte, fragte: »Wie kommt es, Frau Richterin, dass Sie dem Jugendlichen noch immer vertrauen? Er hat Sie doch schon zweimal enttäuscht. Wenn ich seine Richterin wäre...«

»Was meinen Sie, Kind, wer strenger ist...«, fragt Frau S. statt einer direkten Antwort, »ein junger Mensch oder ein alter Richter?«

»Der alte Richter natürlich«, erwidert das Mädchen, ohne zu überlegen.

Lisbeth Samain schüttelt lächelnd den Kopf. »Ein alter Richter wird immer nachsichtiger sein, mein Kind. Er kennt das Leben, darum wird er die Verfehlungen des jungen Angeklagten stets zu verstehen suchen. Er ist gütiger und milder. Und sofern er ein echter Richter ist, wird er nie aufhören, an das Gute im Menschen zu glauben. – Und ich sollte diesen Jungen fallen lassen?«

Wie die hier in Andeutungen wiedergegebenen Lebensbilder von Hella, Anni und Lisbeth zeugen auch die der Dorfbibliothekarin Karin Wilske und die den Schriftstellerinnen und Freundinnen Berta Waterstradt und Annemarie Auer-Zak gewidmeten Beiträge von der Fähigkeit Elfriede Brünings, das Leben ihr begegnender Menschen in der Fülle seiner widerspruchsvollen Erscheinungen wahrzunehmen und verstehbar werden zu lassen. Ihre Prosa gelingt ihr in einigen dieser Texte so dicht, dass man sich an Michail Scholochows »Ein Menschenschicksal« erinnert fühlt.

Als wichtige publizistische Arbeiten zur Geschichts- und Literaturgeschichtsschreibung dürfen die zwei Beiträge gelten, mit denen dieses Buch beginnt: »Schreiben als Möglichkeit zu leben« – über Cläre Jung – und »Ihr Deckname war ›Alta‹« – über Ilse Stöbe.

Wenn Maxim Gorki Landstraßen, Betriebe und Asyle als seine Universitäten ansah, gehörten zu Cläre Jungs Universitäten Streiks, Verhaftungen, Gefängnisse, Erlebnisse auf Straßen der großen Städte, aber auch Diskussionsrunden mit Altersgefährten in jenen Jahren. Sie war Franz Jungs Gefährtin und widmete viel Kraft der Organisation internationaler solidarischer Hilfe, am Beginn der zwanziger Jahre besonders der Hungerhilfe für die Sowjetunion. Von den literarischen Werken, die sie geschrieben hat, schlummern viele noch als Manuskripte in Archiven. »Und warten darauf«, wie Elfriede Brüning ironisch aufmunternd anmerkt, »geweckt zu werden.«

Ilse Stöbe hat Seite an Seite mit Rudolf Herrnstadt Informationen aus der Nazi-Botschaft in Warschau und dem Nazi-Außenministerium in Berlin an Geheimdienststellen der kriegsbedrohten, vom faschistischen »Reich« durch Aggressionsvorbereitung gefährdeten UdSSR übermittelt. Elfriede Brüning würdigt Stöbes Mut und Geschick in dieser Tätigkeit und widmet besondere Aufmerksamkeit der Tatsache, dass Herrnstadt wie Stöbe fähig waren, auch mit nichtkommunistischen Nazi-Gegnern wie dem Verleger Kindler zusammenzuarbeiten. Am 22. Dezember 1942 wurde Ilse Stöbe hingerichtet, zusammen mit Rudolf Scheliba, dem Funker Karl Schulze und sechs Mitgliedern der Schulze-Boysen-Harnack-Gruppe.

Der Berufsschule »Ilse Stöbe« in Berlin-Lichtenberg ist nach 1990 der Name entwendet worden, indem die Schule namenlos einer Westberliner Schule angegliedert wurde. Die Namenslöschung wieder aufzuheben und einer Bildungseinrichtung in Berlin – ob nun in Lichtenberg oder in einem anderen Bezirk – den Namen »Ilse Stöbe« zu verleihen, dafür einzutreten, könnte, ja möge eine der Lesefrüchte dieses Buches sein.

Der Jubilarin herzlichen Dank dafür, dass sie ihre Gefährtinnen den Leserinnen und Lesern ebenfalls zu Gefährtinnen werden ließ. Und: Viel Glück in der Zeit nach der persönlichen Jahrhundertwende!

KLAUS HÖPCKE

dietz berlin
gratuliert
Elfriede Brüning
zu ihrem Jubiläum

Schreiben als Möglichkeit zu leben

Cläre Jung (1892 bis 1981)

Ich kannte Cläre nur flüchtig aus unserem Berufsverband in den sechziger Jahren. In manchen Versammlungen saß sie neben mir; ein Relikt aus den zwanziger Jahren, so erschien sie mir mit ihrem Kapotthütchen, das sie selbst in der größten Hitze niemals vom Kopfe nahm, und zwischen den Lippen die lange elegante Zigarettenspitze, an deren Ende die schon erkaltete Zigarette stak. Damals ahnte ich nicht, wie nahe meine Vermutung der Wahrheit kam. Wie gesagt, ich kannte Cläre nur flüchtig. Sie war fast zwanzig Jahre älter als ich und in meinen Augen schon eine alte Frau, die nicht mehr recht dazugehörte, zumal sie sich an unseren hitzigen Diskussionen um die Gegenwartsliteratur nie beteiligte, sondern nur still dabeisaß und aufmerksam lauschte. Sie hatte nach 1945 eine Zeitlang beim Rundfunk gearbeitet, das wußte ich, und Mitte der vierziger Jahre, genau 1946, war von ihr ein Buch erschienen »Aus der Tiefe rufe ich«, das ich aber noch nicht gelesen hatte. Daß sie in ihrer Schublade außerdem mehrere Manuskripte verwahrte, unter anderem ihre Autobiographie, die aber kein DDR-Verlag drucken wollte bzw. durfte, ahnte ich allerdings nicht. Erst viele Jahre später, 1987, erschien das Buch – illegal – in dem Hamburger Verlag Nautilus. Und erst nach der Lektüre dieses Buches, das ich mir auf Schleichwegen beschafft hatte, konnte ich ermessen, wieviel mir entgangen war, weil ich es in meinem jugendlichen Hochmut versäumt hatte, näher mit Cläre bekanntzuwerden, ja, mich vielleicht mit ihr anzufreunden. Denn was für ein aufregendes, schillerndes Leben hatte sie hinter sich!

Schon als Neunzehnjährige war die Tochter aus gutbürgerlichem Hause mit dem Kreis um die Zeitschrift »Aktion«, die von Franz Pfemfert herausgegeben wurde und zu deren Mitarbeitern unter anderem Gottfried Benn, Georg Heym, Johannes R. Becher, Else Lasker-Schüler und Ernst Toller gehörten, in Berührung gekommen. Mit ihnen saß sie halbe Nächte hindurch im »Café Größenwahn« bei Josty am Potsdamer Platz oder im »Romanischen Café«. Wie war sie dort hingekommen – in die ihr so fremde Welt? Cläre hat es selbst einmal so erklärt: Das sei eigentlich die Folge von etwas ganz Negativem gewesen, meinte sie. Sie war in der Schule sitzengeblieben. Natürlich war sie nicht dumm, aber sie hatte nie Schularbeiten gemacht, war immer mit anderem beschäftigt, damals wollte sie Astronomin oder Archäologin werden. Der Vater nahm sie kurzentschlossen aus der Schule heraus, und in dem neuen Lyzeum freundete sie sich mit der Tochter eines jüdischen Fabrikanten an, die eines Tages am Wannsee Georg Heym kennenlernte. Und der war es dann auch, der die beiden Mädchen überredete, doch einmal mitzukommen zu einem der Vortragsabende, die regelmäßig von der »Aktion« veranstaltet wurden. Hier lernte Cläre den Schriftsteller Richard Oehring kennen, mit dem sie bald eine innige Freundschaft verband. Oehring machte sie weiterhin mit der Gruppe um Erich Mühsam, der »Tat«, bekannt, zu der außer Georg Schrimpf und Oskar Maria Graf auch Franz Jung gehörte. Dieser sollte ihr Schicksal werden.

Schon Oehring hatte Cläre die Schriften von Marx und Engels zu lesen gegeben, die ihr eine ganz neue Sicht auf die Welt eröffneten. Den nachhaltigsten Eindruck aber, der ihr ganzes weiteres Leben verändern sollte, machte Franz Jung auf sie. »Es war ein Abend im Hochsommer, von dem alles seinen Anfang nahm«, schreibt Cläre in ihrer Autobiographie. Wieder hatten sie diskutierend in einer kleinen Kutscherkneipe zusammengesessen. Nun gingen sie nach Hause; Cläre und Jung hatten den gleichen Weg. Sie schlenderten durch die abendlichen Straßen dem Bahnhof zu, gingen zurück, auf und ab, konnten sich noch nicht trennen. »Wir dürfen nicht glücklich sein«, sagte Franz Jung, »solange nicht alle Menschen das Glück genießen können. Ein Bruchteil weniger Glücklicher darf nicht von der Ausbeutung der vielen Unglücklichen leben. Wir müssen die Welt verändern.« Cläre verstand nicht alles, was er sagte. Vieles war neu für sie und unbekannt. Aber so viel begriff sie: daß alles, was Jung sagte, sich gegen ihr eigenes bisheriges Leben richtete. Gegen die selige Geborgenheit ihrer Kindheit, gegen die Sicherheit ihres Elternhauses. »Von diesem Tag an«, bekennt sie, »verließ ich die Welt, in der ich bis dahin gelebt hatte. Ich lernte ein anderes Leben kennen.«

Der Krieg bricht aus, der Erste Weltkrieg. Die Freunde diskutieren sich die Köpfe heiß. Wie soll man sich verhalten? Jung und Oehring verfochten die Meinung, daß man am Krieg teilnehmen müsse, um gegen ihn zu kämpfen. Man müsse an die Front gehen, mit den Soldaten reden, die Waffen niederlegen! Die Wirklichkeit sah allerdings anders aus. Richard Oehring wurde nach kurzer Ausbildung als Sanitäter in Brüssel stationiert. Jung wurde eingezogen.

Cläre hätte gern Medizin studiert. Das war nun nicht mehr möglich. Statt dessen absolvierte sie einen kurzen Lehrgang für Bakteriologie und Histologie und arbeitete anschließend als »wissenschaftliche Hilfsarbeiterin« bei einem Professor. Eines Tages, es war kurz vor Weihnachten, erhielt sie einen Brief von Franz Jung aus Hirschberg in Schlesien. Es war ein Hilferuf. »Ich bin Hals über Kopf, krank und elend, hierhergefahren«, schrieb er. »Ich bin am Ende.« Er war desertiert und auf großen Umwegen dorthin gelangt. Er bat um Geld, und Cläre war glücklich, ihm helfen zu können. Postwendend schickte sie ihm das Gewünschte und einen langen Brief. Pfemfert, den sie auf Jungs Bitte hin eingeweiht hatte, sah sofort auch die Gefahr, die durch ihre Handlung für sie selber bestand. Aber sie lachte ihn aus. Was konnte ihr schon geschehen? Sie hatte nur einem Kameraden geholfen, soweit es in ihren Kräften stand. Was hätte sie anders tun sollen? Das mußte doch jeder verstehen.

Am nächsten Morgen wurde sie verhaftet – zum Entsetzen ihrer Familie, die keine Ahnung hatte. Man brachte sie zum Alexanderplatz, führte sie in einen großen kahlen Raum, in dem sie lange warten mußte. Eigentlich, sagte sie ungeduldig zu einem Beamten, der gerade vorüberkam, hätte sie gar keine Zeit zum Warten. Ihr Verlobter sei gerade auf Urlaub gekommen, vom Militär aus Brüssel, sie müsse ihn dringend sprechen. Natürlich würdigte man sie keines Blickes, geschweige denn einer Antwort. Immerhin führte man sie bald darauf zum Untersuchungsrichter.

Sechs Monate waren seit Kriegsbeginn ins Land gegangen. Extrablätter bejubelten Sieg auf Sieg, die deutschen Truppen befanden sich auf dem Vormarsch, schwarz-weiß-rote Fahnen schmückten jedes Haus. Und inmitten der siegestrunkenen Menge tapferer Soldaten gab es nun einen, der Fahnenflucht vor dem Feind begangen hatte. Einen Deserteur! Und Cläre hatte den Feigling nicht, wie es ihre Pflicht gewesen wäre, sofort angezeigt, sondern ihn obendrein unterstützt! Die Polizei hatte bei der Durchsuchung ihren Brief und den Abschnitt ihrer Zahlungsanweisung gefunden. Ahnte sie, was ihr blühte?

Der Untersuchungsrichter war ein noch junger Mann, mit Schmissen im Gesicht. Er fragte nach Cläres Personalien. Doch statt zu antworten, wies sie ihn hochmütig zurecht! Wisse er nicht als Akademiker, daß ein gebildeter Mann aufstehen müsse, wenn eine Dame ins Zimmer träte? Man muß sich Cläres damalige Erscheinung vor Augen halten: Sie trug ein elegantes Samtkostüm nach neuester Mode, dazu ein farblich passendes Hütchen mit Schleier und über der Schulter eine breite Maulwurfstola. Ihre Linke steckte in einem Muff. Doch all ihre scheinbare Unverfrorenheit konnte den Richter nicht umstimmen. Nachdem er Cläre barsch befragt hatte, wo und wie sie Franz Jung kennengelernt hatte und was sie über ihn wisse, wetterte er los: »Den sehen Sie nie wieder! Auf Fahnenflucht steht Tod durch Erschießen. Ihr Freund wird an die Wand gestellt!«

Doch so schlimm kam es zum Glück nicht. Zwar mußte Cläre für mehrere Wochen in Untersuchungshaft, wurde aber nach Fürsprache ihrer Eltern und auf Betreiben eines Rechtsanwaltes, den Oehring engagiert hatte, wieder entlassen und der Obhut ihres Vaters übergeben, der für sie gebürgt hatte. Ihre Aussagen hatten aber immerhin dazu geführt, daß Jung von der Haftanstalt aus zunächst in ein Krankenhaus kam, wo er auf seinen Geisteszustand hin untersucht werden sollte. Erst danach wurde er, wie viele seiner Gesinnungsfreunde, die erfolgreich eine Krankheit simuliert hatten, in eine psychiatrische Klinik eingewiesen.

In Cläre hatte die kurze Gefängnishaft ein starkes Solidaritätsgefühl geweckt. »Ich kam aus dem Gefängnis als ein Mensch zurück, der zum Kampf gegen diese Gesellschaft entschlossen war«, schrieb sie später.

Die folgenden Jahre sollten der jungen Cläre noch öfter Gelegenheit bieten, ihren außergewöhnlichen Mut zu beweisen. Es waren aufregende Jahre, auch in ihrem privaten Leben. Gegen den Willen ihrer Eltern hatte sie sich mit Oehring kriegstrauen lassen, aber die Auseinandersetzungen zwischen den Eheleuten häuften sich und nahmen mehr und mehr an Heftigkeit zu. Cläre litt unter Oehrings Depressionen und ständigen Selbstanklagen. Man befand sich im dritten Kriegswinter. Die Zeiten waren schwer, und das Paar hatte das Gefühl, ihnen nicht gewachsen zu sein. Sie beschlossen, sich zeitweise räumlich zu trennen. Sie gaben ihre gemeinsame Wohnung auf, und Cläre zog nach Berlin-Grünau zu Franz Jung, der seine Frau Margot gleichfalls gerade verlassen hatte. Cläre erwartete ein Kind von ihm, das indes zu ihrem großen Leid nicht zur Welt kommen sollte. Die ständigen Aufregungen jener Zeit hatten ihre Kräfte überanspruchtund aufgezehrt.

Das Jahr 1917 war angebrochen; in Rußland war Revolution. Ein Bekannter von Jung hatte den Freunden, die wie gewohnt bei

Josty am Potsdamer Platz zusammensaßen und diskutierten, die Nachricht überbracht. Einer aus der Runde wollte das unterbrochene Gespräch fortsetzen, doch Franz Jung fiel ihm hitzig ins Wort: »Die russische Revolution ist ausgebrochen«, rief er, »und Sie reden von Literatur? Jetzt haben wir Wichtigeres zu tun.«

In der nächsten Zeit war Cläre sehr viel allein. Jung war den ganzen Tag unterwegs. Er arbeitete beim »Industrie-Kurier« und im Malik-Verlag, traf sich mit vielen Menschen. Der Krieg ging seinem Ende zu, in Berlin herrschten Hunger und Kohlemangel. Der »Kohlrübenwinter« brach an. Als Cläre einmal aus dem Zentrum der Stadt, wo sie Besorgungen gemacht hatte, zurück in ihre Wohnung fuhr, geriet die Bahn plötzlich ins Stocken. Alles stürzte ans Fenster, um zu sehen, was los war. »Auf einmal sahen wir«, schreibt Cläre, »wie Arbeiter auf einige Offiziere zugingen und ihnen die Achselstücke von den Schultern rissen.« Noch herrschte größte Verwirrung, keiner wußte so recht, worum es ging. An diesem 9. November, dem ersten Revolutionstag, kam Franz nicht nach Hause. Erst am nächsten Morgen tauchte er wieder auf, bleich und übernächtigt. Er hatte, zusammen mit Freunden, Wolffs Telegrafenbüro besetzt gehalten und ein Arbeitsprogramm entworfen – bis der sozialdemokratische Genosse erschien, ihnen für ihre kämpferische Haltung dankte und das Büro übernahm, allerdings mit einem anderen Arbeitsprogramm.

So unruhig jene Jahre waren – die Revolution (Jung war im Arbeiter- und Soldatenrat), der Kapp-Putsch, den der Generalstreik erfolgreich niederrang, die Ermordung von Karl Liebknecht und Rosa Luxemburg, die auch eine kurze Verhaftung des rebellierenden Franz Jung nach sich zog, der Trubel in der eigenen Wohnung, die zum Sammelpunkt vieler Intellektueller geworden war, die über das weitere Vorgehen berieten und, mit Unterstützung durch Heinrich Mann, ein »Programm der Gegenwart« entwarfen –, das alles konnte Cläre nicht davon abhalten, sich in jeder etwas ruhigeren Minute an die Maschine zu setzen und ihre Eindrücke aufzuschreiben. Cläre hatte ja immer geschrieben. Zunächst Gedichte, von denen einige wenige in der »Aktion« gedruckt worden waren. Nun entstand eine längere Erzählung, betitelt »Streiktage 1920«, die leider verschollen ist. Hatte Cläre nie daran gedacht, sie einem Verlag anzubieten? Oder tat sie es, aber ohne Erfolg?

Ach, auch Bücher haben ihre Schicksale. Wir alle erinnern uns wohl noch an das Antikriegsbuch »Im Westen nichts Neues«, dessen Manuskript sein Autor Erich Maria Remarque zehn Jahre lang Verlagen anbot, es von ihnen aber immer wieder zurückbekam, bis es endlich 1928 im Ullstein Verlag erschien und ein Welterfolg wurde. Beispiele dieser Art gibt es viele. Bücher müssen zur rechten Zeit erscheinen oder bleiben erfolglos – oder ungedruckt. Und Cläre hat sich wohl nie besonders darum bemüht, die eigenen Manuskripte unterzubringen.

Zurück zum Generalstreik. Er dauerte nun bereits zehn Tage lang. In Berlin hatte sich ein Stab gebildet, der den Kampf organisieren sollte. Franz, der zur Streikleitung gehörte, war seit Tagen nicht zu Hause gewesen. Und dort fand gerade mal wieder eine Haussuchung statt. In aller Frühe hatten die Streikbrecher – drei junge Burschen halb in Uniform und halb in Zivil – Cläre aus dem Bett gescheucht. Sie trat ihnen entgegen, so wie sie war, im Nachthemd, Arme und Beine nackt, als sollten die Burschen ihre Verachtung spüren; sie hielt es nicht einmal für nötig, vor ihnen Scham zu zeigen, als wären sie keine Männer, noch dazu in der Überzahl und sehr wohl in der Lage, ihr etwas anzutun. Natürlich fahndeten sie nach Franz Jung, durchwühlten sämtliche Schränke, zogen schließlich wieder ab, ohne etwas Wesentliches entdeckt zu haben. Cläre aber packte eilig einen kleinen Koffer und verließ das Haus. Eins war ihr klargeworden durch die Aktion: Der Streik war verloren, war abgewürgt, und sicher würde sich nun bei allen Freunden Ähnliches abspielen; Haussuchungen und Verhaftungen. Sie mußte Franz eilig davon unterrichten, was sich ereignet hatte.

Die Streikenden hockten im Hinterzimmer eines Neuköllner

Lokals. Sie waren niedergedrückt. Es fehlte an Waffen; jemand müßte gehen und Waffen heranholen. Während sie noch diskutierten, sagte Cläre entschlossen: »Ich werde gehen. Eine Frau ist immer unverdächtig.« Und zusammen mit einem jungen Genossen machte sie sich auf den Weg durch das von Kämpfen gerüttelte Berlin, von Neukölln nach Steglitz und wieder zurück, natürlich zu Fuß, denn Bahnen fuhren nicht mehr. Es hieß, in Steglitz wohne ein Genosse, der noch Waffen hätte. Doch als sie hinkamen, stellte sich heraus, daß er am Abend vorher verhaftet worden war. Sie wurden weitergeschickt zu einem anderen Mann, der aber auch nur noch drei Revolver besaß. Mit diesen drei Revolvern kamen sie schließlich in der Dunkelheit in Neukölln wieder an. »Das Ganze war lächerlich und dilettantisch und hat der Sache nicht geholfen«, stellte Cläre selbstironisch später fest. Aber hatte sie nicht ihr Leben aufs Spiel gesetzt, um »der Sache« zu helfen?

Wie oft war Cläre – zusammen mit Franz Jung – verhaftet worden? Wie oft hat sie um das Leben und die Freiheit des geliebten Mannes zittern müssen? Und doch hat Franz sie eines Tages ohne Angabe von Gründen, ohne vorangegangenen Streit, sozusagen aus heiterem Himmel verlassen. Er ging in die USA, überließ sie schutz- und mittellos – man schrieb das Jahr 1930 – einer ungewissen, aber schon unheilvoll drohenden Zukunft nach der Weltwirtschaftskrise, die viele Unternehmen, so auch die von Cläre und Franz seit kurzem betriebene Feuilleton-Korrespondenz, mit dem Bankrott bedrohte. Cläre fand damals in der Flucht in die Arbeit, im Schreiben, die einzige ihr gemäße Therapie, um ihren Schmerz und die abgrundtiefe Verlassenheit zu ertragen. So entstand ihr Manuskript »Stanislaw Tscherwinsky«, eine Erzählung aus dem Rußland des Jahres 1922 – aus einer Zeit, da in dem fernen Land Hunger und Typhus herrschten, und wo sie dennoch mit Franz glücklich gewesen war. Von dieser Erzählung wird noch zu reden sein.

Zunächst sind wir erst im Jahr 1920. Die Kommunistische Partei

(KPD) war gegründet worden, der Franz Jung sofort beitrat. Doch bald war ihm der Parteiapparat nicht radikal genug, und er gründete mit anderen eine Spalterpartei, die Kommunistische Arbeiterpartei Deutschlands (KAPD), die den Austritt aus den Gewerkschaften und den Aufbau neuer revolutionärer Kampfgruppen forderte sowie Wahlen ablehnte. Eines Tages erhielten die KAPD-Genossen von der Kommunistischen Internationale in Moskau die Einladung, zur Berichterstattung dorthin zu kommen, und ein Genosse aus Hamburg, Jan Appel, sowie Franz Jung wurden delegiert. Die Reise sollte von Cuxhaven aus mit einem Schiff erfolgen, und zwar mit dem Fischdampfer »Senator Schröder«, dessen gesamte Besatzung der KAPD angehörte. Als sich das Schiff nach seiner Ausfahrt auf hoher See befand, geschah das Husarenstück: Jung und Appel erschienen in der Kajüte des völlig überrumpelten Kapitäns und forderten ihn auf, den Kurs zu ändern und statt nach Island, wie vorgesehen, nach Murmansk zu fahren. Da sich die gesamte Besatzung des Schiffes mit den beiden Männern, die nach Sowjetrußland wollten, solidarisch erklärte, mußte sich der Kapitän notgedrungen der Übermacht fügen. Am 1. Mai 1920, gerade noch rechtzeitig zur großen Demonstration, trafen die beiden Meuterer in Murmansk ein.

Franz Jung hat seiner Frau oft von dieser Reise erzählt, von dem Empfang bei Lenin, der ihnen aufmerksam zuhörte, dann aber doch die Meinung vertrat, daß eine Spaltung der Arbeiterschaft auf keinen Fall ratsam sei. Bekanntlich wurde die KAPD auch später von dem Kongreß der III. Internationale nicht anerkannt und in die Komintern nicht aufgenommen.

Jung hatte Cläre vor seiner Abreise mit einigen KAPD-Genossen bekanntgemacht, denen sie als Sekretärin zur Hand gehen sollte. Täglich fuhr sie damals von Grünheide, ihrem neuen Wohnort, in die Stadt, wo im Hinterzimmer eines kleinen Parteilokals das »Sekretariat« tagte und wo Briefe, Aufrufe und Artikel geschrieben wurden. »Ich kämpfte mit vollem Bewußtsein gegen meine eigene Klasse«, schrieb Cläre später. Dabei hatte sie sich immer vorgestellt, daß die Arbeiter im Kampf gegen das Bürgertum solidarisch zusammenhielten. Nun erlebte sie das Gegenteil, die vielen Auseinandersetzungen innerhalb der Partei, aber auch zwischen den einzelnen Kameraden. Auch das Verhältnis der Frauen zu ihren Männern und zu den Fragen der Revolution enttäuschte sie. Dazu kamen ernstere Sorgen. In den ersten Julitagen waren Jung und Appel aus Rußland zurückgekehrt. Es mag in den letzten Septembertagen gewesen sein, als plötzlich vier Männer in Grünheide erschienen mit einem telegrafischen Haftbefehl gegen Jung wegen »Landesverrats auf hoher See«. Sofort wurde er nach Cuxhaven und später nach Hamburg überstellt, gegen eine Kaution von 30.000 Mark, die sowjetische Freunde aufbrachten, aber wieder auf freien Fuß gesetzt. Doch für wie lange? Inzwischen war der Steuermann des Schiffes zu fünf Jahren Gefängnis verurteilt worden. Die übrigen Matrosen erhielten je achtzehn Monate. Es konnte kein Zweifel bestehen, daß auch Jung verurteilt werden würde. Der Boden in Deutschland wurde ihm zu heiß. Er mußte das Land verlassen – und Cläre, als seine treue Gefährtin, begleitete ihn.

Sie wollten eigentlich nach Schottland, um dort zu arbeiten. Dazu mußten sie den Weg über Holland nehmen. Bei Emden gingen sie über die grüne Grenze. Cläre hat in ihrer Autobiographie anschaulich alle Gefahren beschrieben, denen sie auf ihrer Flucht ausgesetzt waren. Sie reisten ja ohne Paß und Visum! Dennoch kamen sie irgendwie nach Rotterdam, wo sie einige Genossen zu treffen hofften. Doch da gerade Pfingsten war, waren alle ausgeflogen. Nun blieb ihnen nur noch die Adresse einer Genossin, die in der Nähe der kleinen holländischen Stadt Zandert an der belgischen Grenze ein Gut besaß. Doch auch sie war nicht da, stattdessen wurden sie nur wenige Schritte von ihrem Haus entfernt von einer Polizeistreife angehalten und nach ihren Ausweisen befragt. Sie wurden festgenommen.

Cläre brachte in der kleinen Grenzpolizeistation, die nur über drei oder vier Zellen verfügte, die mehr einem Stall glichen, vier

Wochen zu, während Jung sogleich in ein größeres Gefängnis der Kreisstadt überstellt worden war. Eines Tages ließ der Kommandant Cläre zu sich rufen, um ihr ihre Entlassung mitzuteilen. Vorher sollte sie aber unterschreiben, daß man sie in Holland gut behandelt hätte. Aber hatte man das? Man hatte sie die ganze Zeit daran gehindert, mit einem Rechtsanwalt oder sonstigen deutschen Stellen in Verbindung zu treten. Wozu also eine solche Erklärung, die nicht den Tatsachen entsprach? »Ach, bei euch Kommunisten kann man nie wissen ...«, grinste der Kommandant. »Vielleicht werdet ihr einmal große Leute, so wie Lenin ...« Er erkundigte sich nach Cläres Plänen. Sie sei entschlossen, erwiderte sie, jede Arbeit anzunehmen, ob als Abwäscherin oder als Zimmermädchen im Hotel, nur um in Holland und in der Nähe ihres Mannes bleiben zu können. Doch davon konnte leider keine Rede sein. Mit dem nächsten Zug müsse sie zurück nach Deutschland, erklärte ihr der Kommandant. Sie wurde abgeschoben.

Jung saß in Holland ein, sie mußte zurück nach Berlin. Würden sie sich je wiedersehen? In ihrer Verzweiflung spielte Cläre schon mit dem Gedanken, einfach aus dem fahrenden Zug zu springen. Wahrscheinlich würde sie sich beide Beine brechen und ins Krankenhaus kommen. So könnte sie in Holland bleiben. Aber würde sie Franz damit nützen? Nein, sie mußte in Deutschland um seine Freilassung kämpfen. In Berlin engagierte sie sofort einen Rechtsanwalt. Viele Freunde halfen, so zum Beispiel John Graudenz, der sich später in der Nazizeit einer großen Widerstandsgruppe anschloß, Rudolf Leonhard und andere. Die deutsche Regierung stellte an die Holländer den Antrag, ihr Jung auszuliefern, doch diese lehnten ab mit der Begründung, daß sie auch Wilhelm den II. nicht ausgeliefert hätten. Warum sollten sie das nun mit dem Kommunisten tun?

Wohin also mit Jung? Eine Ausweisung in ein anderes Land hätte nur seine erneute Verhaftung an der Grenze zu Belgien oder Frankreich zur Folge gehabt. Wieder waren es die Sowjets, die aus dem Dilemma halfen. Sie erklärten Cläre und Franz Jung zu Sowjetbürgern, womit ihrer Reise nach Rußland nichts mehr im Wege stand. Eines Tages erhielt Cläre das erlösende Telegramm aus Holland: »Abfahrt Sowjetrußland«.

Im August 1921 – dem Jahr, als dort nach zwei Dürrejahren eine furchtbare Hungerkatastrophe ausgebrochen war – machte sich Cläre auf den Weg über Stettin und Reval (heute Tallin) in das hungernde und noch von Interventionskämpfen erschütterte Sowjetland, nach Petrograd, wo sie indes noch vier Wochen lang, völlig auf sich allein gestellt und ohne Kenntnis der russischen Sprache, auf Jung warten mußte. Täglich ging sie zum Hafen in der Hoffnung, daß endlich ein Schiff einlaufen würde mit Franz Jung an Bord. Doch jeden Tag wurde sie aufs neue enttäuscht. Und eines Tages eröffnete man ihr, daß sie nicht länger in Petrograd bleiben könne, sondern nach Moskau, ins Hotel »Lux«, übersiedeln müsse. Dort fand gerade der Kongreß der III. Internationale statt, und es wimmelte von Menschen aller Nationen, die in allen Sprachen durcheinanderredeten und gestikulierten. Und als Cläre eines Morgens, nach Erledigung der Anmeldeformalitäten, in den Speisesaal trat, erblickte sie dort, unter all den fremden Gesichtern, plötzlich an einem Tisch den geliebten, so lange schmerzlich vermißten Mann! Beide stürzten aufeinander zu, umarmten sich. Wie sich herausstellte, war Jung mit demselben Zug wie sie nach Moskau gekommen, nachdem er in Petrograd erfahren hatte, daß sie bereits abgereist war.

Sie hatten sich endlich wieder – doch wie sollten sie leben? Jung dachte daran, den Nachrichtendienst auszubauen. Gerade zu Beginn der Neuen Ökonomischen Politik und des wirtschaftlichen Aufbaus sei eine sachliche Berichterstattung erforderlich, meinte er, die aber von den bürgerlichen Korrespondenten nicht gewährleistet war. Einige berichteten wissentlich falsch, andere waren nur schlecht informiert, oder sie standen den Problemen völlig verständnislos gegenüber. Jung wurde also beauftragt, eine rasche Änderung herbeizuführen, und man übertrug ihm die Leitung der Internationalen Hungerhilfe (später in »Internationale

Arbeiterhilfe« – IAH – umbenannt), zusammen mit Willi Münzenberg, der der Leiter dieser Organisation in Deutschland war.

»Das erste Büro der IAH befand sich in unserem kleinen Hotelzimmer«, schreibt Cläre in ihren Erinnerungen. Hier fanden nun »vom frühen Morgen bis in die späte Nacht Besprechungen, Sitzungen und Versammlungen statt. Hinter dem Samtvorhang in unserem Schlafraum saß ich mit meiner Schreibmaschine und schrieb Protokolle, Aufrufe, Berichte und Briefe.« Und um das Ausmaß der Hungerkatastrophe aus eigener Anschauung kennenzulernen, fuhren sie für einige Zeit über Saratow die Wolga hinauf bis in das Wolgadeutsche Gebiet, wo neben Hunger, Typhus und Cholera in verschiedenen Regionen noch Kriegszustand herrschte, der einigen ihrer Mitarbeiter das Leben kostete. Cläre hat ihre Erlebnisse aus dieser Zeit später in der schon erwähnten Erzählung »Stanislaw Tscherwinsky« festgehalten. Es ist die Geschichte eines polnischen Juden, einer authentischen Figur, der emigriert und sich in Sowjetrußland einreiht in die Schar der Unzähligen, die freiwillig die neue Staatsmacht sichern helfen. Er packt zu – genau wie Franz und Cläre auch – bei der Verteilung der Hilfsgüter, die aus Spenden der internationalen Arbeiterklasse stammen, sowie bei der Errichtung von Kinderheimen, die die vielen Waisen aufnehmen mußten, deren Eltern infolge von Krieg, Seuchen oder Hunger gestorben waren. (Cläre selbst hat im Uralgebiet zehn Kinderheime für je hundert Kinder mitaufbauen helfen.) Während sich jedoch der Held ihrer Erzählung seinen Aufträgen widmet und sie erfolgreich erfüllt, bahnt sich eine tiefe Krise in seiner Ehe an. Seine Frau Hela vermag sich den neuen Lebensverhältnissen nur schwer anzupassen. Durch eine zweite Schwangerschaft von den übrigen Genossen isoliert und zur Untätigkeit gezwungen, versinkt sie in Lethargie und Passivität, um in dem Moment, als der Konflikt für sie unerträglich zu werden droht, erstmalig wieder aktiv zu werden und sich bestimmter unfairer Verhaltensweisen zu bedienen (die man vorwiegend aus der Männerwelt kennt), indem sie ihren erfolgreichen Ehemann der

Veruntreuung von Spendengeldern beschuldigt. »Die Tragödie dieser Frau besteht darin«, heißt es in einem Gutachten zu dieser Erzählung von Dr. Gudrun Klatt, »daß sie – schwankend zwischen neuem Anspruch und normativer Konvention – keine wirkliche Alternative weiß. Als Pendant zur Figur der Hela«, heißt es im Gutachten weiter, »hat Cläre Jung ein ganzes Spektrum von Frauengestalten aufgeboten, die als mögliche und denkbare Alternativen zu Hela fungieren. Es sind dies Frauen, Russinnen und Emigrantinnen, die vor allem eins auszeichnet: Sie arbeiten, sie sind entsprechend ihren Fähigkeiten aktiv, formieren sich als Individuen, indem sie sich weder zurückziehen noch auf die Mutterrolle beschränken, sondern produktiv gesellschaftlich wirken. Obgleich die Sympathie der Autorin zweifellos bei diesen aktiven Frauenfiguren liegt, gibt sie doch an keiner Stelle die Figur der Hela preis, sie denunziert sie nicht, sondern sie macht auf ein Problem, auf einen Widerspruch aufmerksam, der Menschen und Familien zerbrechen, zumindest aber beschädigen kann. Cläre Jung hat in dieser Erzählung ein Problem aufgegriffen, das in der sogenannten ›Frauenliteratur‹ immer wieder reflektiert und debattiert wird. Daher mutet die Erzählung so ungeheuer zeitnah an.«

Hat sich Cläre hier, frage ich mich, in der Figur der Hela ein wenig selbst porträtiert? Stand nicht auch sie, wie ihre Heldin Hela, immer im Schatten ihres Mannes? Nicht daß Cläre, wie jene, jemals untätig gewesen wäre. Sie hat immer, wie Franz Jung, tüchtig mitangepackt, im Wolgagebiet wie danach in Petrograd, wo sie gemeinsam eine metallurgische Fabrik mitaufbauen halfen; sie war immer seine Sekretärin und zuverlässigste Mitarbeiterin. Von einem Journalisten einmal befragt, wie sie damals gelebt habe, hat Cläre geantwortet: »Ich saß zu Hause und habe geschrieben. Seine Artikel für Zeitungen und Zeitschriften. Er war doch Journalist. Und da Jung auch die meisten Bücher im Gefängnis geschrieben hat, mußte ich hin, die Manuskripte abholen und sie zu Hause abschreiben. Es kam auch vor, daß Franz mich einfach an die Maschine setzte und sagte: Lies Korrektur! Oder ein Setzer befahl mir: Mach mal schnell 'n Umbruch! Ich hatte keine Ahnung, wie man das macht. Aber man wurde eben ins Wasser geworfen und mußte schwimmen, wollte man nicht elendiglich untergehen. Eigenes? Ab und zu ein Gedicht, nicht mehr.«

Nun, wir wissen, daß Cläre hier aus Bescheidenheit untertreibt. Sie hat immer geschrieben, auch längere Prosa, unter den schwersten Bedingungen. Und sie hat, wie alle schöpferischen Frauen, vor dem ewigen Dilemma gestanden, sich entscheiden zu müssen: für die Liebe zum Mann, das harmonische Miteinander, oder für den Erfolg im Beruf. Und Cläre hat dem ersteren immer den Vorrang gegeben, solange die Partnerschaft währte. Erst nach der Trennung von Franz fand sie ganz zu sich selbst und konnte sich voll entfalten.

Im Spätherbst 1923, dem Ende der Inflation, kehrte das Paar nach Deutschland zurück. Sie fuhren getrennt, denn Franz, dem noch immer wegen des Schiffsraubs der Prozeß drohte, reiste als blinder Passagier im Kettenkasten eines Dampfers, der Kurs auf Hamburg nahm, während Cläre legal auf dem Landweg reiste. Auch in Berlin lebten sie noch vier Jahre lang illegal, unter falschem Namen und mußten mehrmals, um ihre Spuren zu verwischen, die Wohnung wechseln. Trotz der Illegalität, zu der sie gezwungen waren, versuchte Franz Jung, eine Korrespondenz aufzuziehen, für die er bald darauf im Zeitungsviertel von Berlin sogar ein eigenes Büro einrichten konnte. Der Korrespondenz war ein »Feuilleton-Dienst« angegliedert, für den Cläre ab und zu journalistische Beiträge verfaßte. Und nun endlich konnten sie mit Hilfe eines Rechtsanwaltes unter vielen Mühen für Jung eine Amnestie durchsetzen, das heißt, das Verfahren gegen ihn wurde niedergeschlagen. Und nun konnten sie auch endlich heiraten; beide hatten sich schon vor Jahren von ihren ersten Ehegefährten scheiden lassen. Zeitweise lebten auch Franz Jungs beide Kinder aus erster Ehe bei ihnen. Cläre schreibt über diese Zeit: »Ich war vollkommen ausgefüllt von meiner Arbeit für den »Feuilleton-Dienst«, mit der Betreuung von Jungs literarischen Arbeiten, der Freude an den beiden Kindern, die die Ferien bei uns verlebten und der Versorgung unserer Wohnung in Berlin und des Grundstücks, das wir in Wandlitzsee hatten. Alles erschien mir in bester Harmonie.«

Also eine Idylle? Und doch kam, wie ein Blitz aus heiterem Himmel, der Tag, durch den sich alles in Cläres Leben von Grund auf verändern sollte. Franz hatte ihr erzählt, daß er verreisen müsse. Das war nichts Besonderes, es kam oft vor, daß er überraschend irgendwohin fuhr. »Aber an diesem Morgen«, erinnert sich Cläre, »während er auf das Taxi wartete, das ihn zum Bahnhof bringen sollte, ging Franz noch einmal durch das Haus und durch den Garten, über dessen Boden eine leichte Hülle aus weißem Nebel lag. Und da merkte ich, daß seine Augen dies alles, den Garten, das Haus mit einem Blick umfaßten, der wie ein Abschied war, ein Abschied für immer ...« Und so war es auch. Franz war von ihr gegangen, ohne eine Erklärung, ohne ein Wort. »Wir waren so eng verbunden gewesen«, schreibt Cläre, »daß es der Worte zwischen uns nicht mehr bedurfte, siebzehn oder achtzehn Jahre lang. Aber nun mit einemmal wußte ich, was ich schon so lange hätte wissen müssen und nicht hatte wahrhaben wollen: Franz hatte sich von mir getrennt.«

Wie lebt man weiter, wenn man das Liebste auf der Welt verloren hat? Cläre flüchtete in die Arbeit, und davon gab es genug. Vor allem mußte sie den »Feuilleton-Dienst« am Leben erhalten und das war in einer Zeit, da sich die wirtschaftliche Krise verschärfte, die Arbeitslosigkeit immer mehr anwuchs und die Krise ihres Lebens mit der politischen zusammenfiel, schwer genug. Da die Korrespondenz auch über wissenschaftliche Ereignisse berichtete, mußte sie sich Kenntnisse auf allen möglichen Gebieten – der Biologie, Astrophysik, der Lehre von den Atomen und der Medizin – aneignen, und so begann sie noch einmal zu lernen, vergrub sich in wissenschaftliche Bücher, kannte kaum noch Schlaf. Von Jung hörte sie nach einiger Zeit, daß er sich mit Harriet Scherret, der geschiedenen Frau des Schriftstellers Felix Scherret, verbunden hatte, und das gemeinsame Schicksal der beiden Verlassenen, Cläre und Felix, führte nun auch sie zusammen, zumal sie gemeinsame künstlerische Interessen hatten. Felix, der bisher vorwiegend Theaterkritiken für den »Vorwärts« geschrieben hatte, arbeitete nun hauptsächlich für den »Deutschen Feuilleton-Dienst« und wurde somit für Cläre ihr verläßlichster Mitarbeiter, Berater und Freund. Cläre selbst widmete sich nun endlich ihrem eigentlichen Anliegen, dem kreativen Schreiben. Die Erzählung »Stanislaw Tscherwinsky« entstand, in der sie noch einmal die glückliche Zeit mit Franz Jung Anfang der zwanziger Jahre heraufbeschwor. In Felix hatte sie einen verständnisvollen Kritiker, der sie immer wieder zum Weiterschreiben ermunterte, wenn die Arbeit stockte und sie mutlos das Ganze wieder hinwerfen wollte.

Inzwischen war die Nazizeit angebrochen. Viele ihrer Freunde hatten das Land verlassen oder waren verhaftet worden. Auch Cläre und Felix, die als Sozialisten bekannt waren, drohte jederzeit eine Haussuchung oder der Zugriff durch die Gestapo. Ihre Post und das Telefon wurden überwacht. Das Leben wurde täglich schwerer. Nur mit größter Mühe konnten sie den »Feuilleton-Dienst« aufrechterhalten, da ihm durch das inzwischen erfolgte Verbot aller linken und jüdischen Zeitungen die Abonnenten verloren gingen. An manchen Tagen lebten sie nur von Brot und Kartoffeln, um wenigstens die drei Mark Porto für die Korrespondenz aufzubringen. Um sich weiter einzuschränken, waren sie in eine kleinere Wohnung nach Halensee umgezogen, in die »Palme von Halensee«, wie sie bald von ihren Freunden betitelt wurde, da sie, im Erdgeschoß und dicht an der Straße gelegen und somit bei Tag und Nacht leicht erreichbar, allen in Not geratenen oder von Verhaftung bedrohten Freunden eine Art »Asyl für Obdachlose« bot, wo jeder, der für den Augenblick ein Dach überm Kopf brauchte, eine Unterkunft fand. In dieser Wohnung lebten sie fast neunzehn Jahre lang.

Im Sommer 1936 begann Cläre die Arbeit an ihrem großen Familienroman »Baumanns Erben«, der aus drei Teilen besteht und, beginnend mit dem Jahr 1900, das Leben dreier Generationen umfaßt. Um dem Trubel in der »Palme« zu entgehen, wo sich schon wieder Dauergäste einquartiert hatten, war sie diesmal nach Jena, in ein Schriftstellerheim des Eugen-Diederichs-Verlages, ausgewichen. Hier schrieb sie diszipliniert vier bis fünf Seiten pro Tag und berichtete folgsam Felix über den Fortgang der Arbeit. »Alle Hoffnung setze ich auf dieses Buch«, schrieb sie an ihn. »Wenn es Erfolg hat, werde ich ein besserer Mensch, und unser Leben wird viel schöner werden ...« Und ein paar Tage später berichtete sie ihm: »Der erste Teil ist fertig. Zwei Seiten von dem ›Sohn‹ habe ich eben geschrieben, und ich muß Dir jetzt erst mal mitteilen, was ich schreibe, damit Du eine Ahnung davon hast und mich in Gedanken bei der Arbeit begleiten kannst.«

Man ersieht aus ihren Zeilen, daß sie, vielleicht zum ersten Mal seit der Trennung von Franz Jung, mit sich und ihrem Privatleben völlig im Einklang war. Wichtig war nur die Arbeit. Und sie spinnt Zukunftspläne: »Ich will unter allen Umständen mit Dir irgendwo rausziehen, mein lieber Scherry. Wir wollen doch endlich mal so wohnen, wie wir wollen. Wenn es einmal besser werden und die Dummheit aufhören soll, dann müssen wir doch das Unsrige dazu tun, damit es so wird ...«

»Das Unsrige tun ...«, Cläre schreibt in der Sklavensprache. Sie lebt in der »inneren Emigration«, vergräbt sich in die Arbeit, entwirft Romanstoffe, von denen sie weiß, daß sie im Nazireich nie gedruckt werden können. Und die Umwelt wird immer feindlicher. Bücher weltbekannter Schriftsteller werden verbrannt, jüdische Geschäfte zertrümmert, die Juden selbst aus ihren Wohnungen gezerrt und auf Lastwagen geladen und irgendwohin verschleppt. In KZs? In Arbeitslager? Von Auschwitz weiß sie noch nichts. Aber als eine ihrer früheren Schulkameradinnen, eine Jüdin, der die Deportation droht, ausreisen will und ihre Hilfe erbittet, zögert sie nicht einen Augenblick. Sie überläßt ihr ihren Ausweis mit dem glücklicherweise unkenntlichen Paßfoto und dazu noch, zur Sicherheit, einige unbedeutende Dokumente, die man gemeinhin in der Handtasche bei sich trägt: Die Lesekarte einer

Bibliothek, längst abgelaufene Essenmarken, eine Kohlenkarte. Erst als die Freundin abgefahren ist, wird ihr klar, in welche Gefahr sie bei Entdeckung käme. »In den ersten Nächten konnte ich nicht schlafen«, schreibt sie. Dann war sie wieder ruhiger, hoffte, daß alles geglückt wäre. Vielleicht hatte ihre Tat einen Menschen vor dem Tod errettet. Sie ging weiter ihrer Arbeit nach, versorgte den Haushalt, schien ausgeglichen. »Nur morgens in der Frühe lauschte ich auf jedes Geräusch: ein Wagen vor dem Haus, Schritte im Treppenflur, ein scharfes Klingeln an der Wohnungstür.« Die Gestapo kam immer in aller Frühe.

Cläre hatte Felix Scherret nichts gesagt von allem. Nur als das verabredete Lebenszeichen von der Jüdin ausbleibt und sie befürchten muß, daß die Flucht mißglückt ist, weiht sie ihn ein. Seine Reaktion erschreckt sie. Er wird totenbleich, zittert am ganzen Leibe, überhäuft sie mit Vorwürfen: »Wie konntest du das tun?« Dabei weiß er, daß alles Reden an der Tatsache nichts mehr zu ändern vermag. Und dennoch spricht er, geht im Zimmer auf und ab und redet. Aber Cläre hat auf alles nur eine Antwort: »Man kann sich das Leben nicht aussuchen, das man retten muß«, sagt sie.

Es war der erste ernsthafte Streit zwischen ihnen. Scherret, der damals schon sehr krank war, liebte ein geruhsames Leben, hing an der Häuslichkeit, war keine Kämpfernatur. »Was kann man denn gegen das alles tun – als einzelner Mensch?« fragte er oft. Und Cläre erwiderte ihm: »Ein einzelner Mensch vermag sehr viel. Er kann die Welt verändern helfen.«

Gegen Kriegsende wurde der »Feuilleton-Dienst« verboten. Cläre wurde zur Arbeit in der Rüstungsindustrie eingezogen – nur das Attest eines befreundeten Arztes konnte sie davon befreien. Die Bombenangriffe auf Berlin häuften sich, die Schäden wurden immer verheerender. In ihrer Wohnung gab es keine heile Fensterscheibe mehr, berichtet Cläre; kein Tageslicht drang durch die mit Pappe und Decken verhüllten Fensterhöhlen. Einmal fielen zwanzig Brandbomben auf das Haus. Im Hof türmten sich die

Trümmer des schon eingestürzten Nachbarhauses. Die Menschen verkrochen sich in ihre Keller. Längst war die Rote Armee in Berlin, aber Halensee leistete noch erbitterten Widerstand. Auf der Halenseebrücke, dem letzten Brückenkopf, versuchte die SS noch immer, die siegreichen sowjetischen Truppen aufzuhalten. Mit vorgehaltenem Revolver drangen sie in die Keller ein und befahlen den Bewohnern, noch Barrikaden zu bauen. Doch dann, »an einem unwahrscheinlich schönen Morgen«, waren endlich die anderen da, die Russen ...

»Der Krieg war zu Ende«, heißt es in Cläres Erinnerungen auf der letzten Seite. »Man mußte ein neues Leben aufbauen.«

* * *

Als ich Cläre kennenlernte, wohnte sie schon in Ostberlin, Prenzlauer Berg. Sie arbeitete damals beim Rundfunk auf dem Gebiet der Kulturpolitik. Es sei eine glückliche Zeit gewesen, hat sie einmal gesagt, weil sie immer wieder neue Ideen entwickeln, interessante Vorschläge machen konnte. So hat sie unter anderem eine Spendenstunde eingeführt unter dem Titel »Rettet die Kinder« und die Sendereihe »Stimme des Kulturbunds«; der Titel stammte von Johannes R. Becher. Als die Aufforderung an die Schriftsteller erging, in die Betriebe zu gehen, kam Cläre zu Bergmann-Borsig, wo aber von einer Produktion noch nicht die Rede war. Dort wurde vorerst nur enttrümmert. Auch die Rundfunkleute halfen dabei: die Kabelleute, Techniker, die sogenannten Strippenzieher. Zusammen mit einer Pressestenographin hat Cläre die Erzählungen der Arbeiter aufgeschrieben. So entstanden »Die Sieben Nachtwachen«, die aber nicht gedruckt worden sind.

Dagegen erschien 1946 im Aufbau-Verlag ihr Buch »Aus der Tiefe rufe ich«, eine Chronik der Jahre von 1938 bis 1943, in der sie die Lebensberichte jüdischer Menschen festgehalten hatte, die ihr begegnet waren. Es ist das einzige Buch von Cläre, das in der DDR veröffentlicht wurde. Ursprünglich hatte sich der Aufbau-

Verlag auch an dem Manuskript ihres Familienromans interessiert gezeigt; da er aber bereits Trilogien der aus der Emigration zurückgekehrten Autoren Johannes R. Becher, Willi Bredel und Fritz Erpenbeck mit ähnlichem Inhalt erworben hatte, kam die Herausgabe nicht zustande. Ebensowenig konnte sie den Tscherwinsky-Roman unterbringen. In einer Zeit, da man in allen Medien der DDR die Sowjetunion als Vorbild pries, konnte man schwerlich ein Buch veröffentlichen, das von den Schwierigkeiten in jenem Land erzählte. Dabei gab es glänzende Gutachten gerade zu diesem Manuskript, zunächst von Paul Wiegler aus dem Aufbau-Verlag und später von zwei Literaturwissenschaftlern, die im Auftrag des Verlages der Nation ihr Urteil abgaben. Doch letztendlich verliefen auch die Verhandlungen mit diesem Verlag negativ. War Cläre mutlos geworden? Hatte sie resigniert? »Mit zunehmendem Alter bin ich es müde geworden, meine Manuskripte immer wieder anzubieten – um sie in Kürze zurückzubekommen«, hat sie selbst gesagt. Dabei hat sie sich bis zuletzt – bis in ihr hohes Alter – energisch dafür eingesetzt, daß die Bücher von Franz Jung nochmals aufgelegt werden. Allerdings hatte sie auch damit keinen Erfolg, denn Franz Jung, der Mitbegründer der »Spalterpartei KAPD«, war in der DDR tabu.

Liest man Cläres Erinnerungen, die unter dem Titel »Paradiesvögel« 1987 bei Nautilus in Hamburg erschienen sind (Cläre hat die Veröffentlichung leider nicht mehr erlebt), so hat man den Eindruck, als sei darin mehr von Franz Jung, seinem Leben und Werk, die Rede als von der Autorin selbst. Cläre hat sich wohl immer als im Schatten des von ihr geliebten Mannes stehend empfunden, mit dem sie bis zu seinem Tode in Verbindung war. Felix Scherret war 1950 gestorben. Als sich Franz Jung einmal, 1955, in Westberlin aufhielt, besuchte ihn Cläre fast täglich; später fuhr sie für einige Tage nach Hamburg, um ihn zu sehen. Es war ihre letzte Begegnung, denn als Franz Jung 1963 in Stuttgart im Sterben lag, konnte Cläre nicht so rasch von den Behörden die Erlaubnis erwirken, zu ihm reisen zu dürfen. Aber sie haben bis zum letzten

Augenblick miteinander korrespondiert. »Diese Briefe«, schreibt Fritz Mierau, ein naher Freund und Literaturkenner, »halte ich für ein Schlüsselereignis der vierziger und fünfziger Jahre, mit denen Ihr, Du in der DDR und Franz in den USA, mit den dichter werdenden Erfahrungen der Nachkriegszeit noch einmal die vergangenen Versuche erörtert.« Sie sollten unbedingt veröffentlicht werden, meint er. Und er mache auch kein Hehl daraus, schreibt er weiter an Cläre, daß er ihre Bücher, ihre Erinnerungen, den Tscherwinsky-Bericht und anderes gedruckt sehen wolle. Sie gehörten zu den verpaßten Gelegenheiten unserer Literatur, ja, unseres Lebens, und der Verlust würde beträchtlicher Jahr für Jahr. Er erinnert Cläre in seinem Brief daran, daß Kritiker sie an Heinrich Manns »Ein Zeitalter wird besichtigt« gemessen hätten, aber gleichzeitig bemängelten, daß sie auch sehr Persönliches berichtete. »Daß Du das Leben einer Berliner Revolutionärin in den ersten fünfzig Jahren unseres Jahrhunderts erzählst, ist den Rezensenten gar nicht aufgegangen. Es ist wahrscheinlich das einzige Buch seiner Art; weder Lu Märten noch Frida Rubiner haben so über ihr Leben geschrieben. Dein Buch ist überraschend durch und durch. Aber wer hat Angst vor Überraschungen?« – Und über ihre Erzählung »Stanislaw Tscherwinsky« schreibt er: »Dies Buch wird noch einmal wichtig werden, wenn man gründlicher über die Geschichte der Sowjetunion und die der internationalen Solidarität nachzudenken beginnt.«

Das Internet, nach näheren Angaben über Cläre Jung befragt, erteilt nur spärliche Auskünfte. Tatsächlich gibt es ja nur wenige Veröffentlichungen. War sie also eine erfolglose Schriftstellerin? War sie eine Revolutionärin?

Cläre hat immer im Brennpunkt des politischen Lebens gestanden. »Sie glaubte an die Gemeinschaft, und sie handelte solidarisch, wenn sie die beiden Kinder Franz Jungs, seine Freunde und Genossen sowie später in der ›Palme‹ viele Obdachlose bei sich aufnahm. Sie hatte den Mut zur Veränderung der Welt – und war doch zugleich ... völlig unpolitisch«, sagt die Literaturwissenschaftlerin Helga Karrenbrock über Cläre, die sie Ende der siebziger Jahre öfter besuchte, als Cläre nach dem Tod ihrer Freundin Elsbeth Brock, mit der sie einige Jahre zusammengewohnt hatte, schon ziemlich einsam war. Und sie fügt hinzu: »Ich bin mir immer noch nicht darüber klar geworden, wer mir da in Cläres Person gegenübertrat: ein archaisches mütterliches Prinzip oder ein Vorschein kommender Möglichkeiten.« Eine Rosa Luxemburg? frage ich weiter. Oder eher eine Mutter Teresa? Auf jeden Fall eine liebende Frau, eine interessante Zeitzeugin und eine gute Stilistin.

Cläre Jung ist 1981 gestorben, im 90. Lebensjahr. Ihre Manuskripte schlummern noch in den Archiven. Und warten darauf, geweckt zu werden.

2003

Ihr Deckname war »Alta«

Das ungewöhnliche Leben der Ilse Stöbe (1911 bis 1942)

*I*ch hätte ihr schon Anfang der dreißiger Jahre begegnen können, in den Räumen des großen Mosse-Hauses in der Jerusalemer Straße, wohin ich manchmal klopfenden Herzen ging, um Fred Hildenbrand, dem mächtigen Feuilletonleiter des weltbekannten »Berliner Tageblatts«, meine ersten literarischen Arbeiten, Berliner Stimmungsberichte, anzubieten. Wie aber hätte ich ahnen sollen, daß in dem Haus, hinter der Tür mit der Aufschrift »Theodor Wolff, Chefredakteur« ein junges Mädchen saß, mit dem mich, hätte ich es kennengelernt, vieles verbunden hätte. Beide stammten wir aus ärmlichen Verhältnissen. Ilse Stöbe, nur ein halbes Jahr jünger als ich, war ein Arbeiterkind, mein Vater war Handwerker. Beide hatten wir den Existenzkampf schon frühzeitig kennengelernt und suchten nach Wegen, um eine gerechtere Gesellschaftsordnung aufzubauen. Ich war kurz zuvor Mitglied der KPD geworden. Ob Ilse es schon damals war, weiß ich nicht; es ist aber anzunehmen. Sie lebte bei ihrer Mutter, einer klassenbewußten Arbeiterfrau, in Berlin-Lichtenberg zusammen mit ihrem Halbbruder, der gleichfalls Genosse war. Sie hatte also die Ideen Karl Liebknechts und Rosa Luxemburgs sozusagen mit der Muttermilch in sich aufgesogen. Und im Mosse-Haus lernte sie Rudolf Herrnstadt kennen, der bestimmend für ihr weiteres Leben wurde.

Ilse hatte zunächst, nach Besuch der Volks- und einer Handelsschule, in der Annoncen-Expedition von Mosse zu arbeiten begonnen. Dort war sie aber bald durch ihre überragende Intelligenz – und wohl auch durch ihre Schönheit – dem allmächtigen Chefredakteur aufgefallen, der die junge Person in seine Etage holte. Hier saß sie nun in einem kleinen Zimmer zwischen ihm und dem Chef vom Dienst. Theodor Wolff war damals über sechzig Jahre alt und seit siebenundzwanzig Jahren in seinem Amt. Seine allwöchentlichen Leitartikel wurden weltweit gerühmt. Nach Hitlers Machtantritt wurde er als Jude und liberaler Demokrat unter Druck und Drohungen genötigt, die Leitung vom »Berliner Tageblatt« niederzulegen. Er emigrierte nach Frankreich. Ilse Stöbe verlor somit nicht nur ihren verehrten Chef, sondern auch ihren väterlichen Freund, der sich stets bemüht hatte, ihre Begabung zu fördern, der sie zum Schreiben ermuntert und ihr die Verbindung zu einigen Schweizer Zeitungen verschafft hatte, in denen sie einige Artikel veröffentlichen konnte.

Theodor Wolff schrieb in der Emigration unter dem Titel »Die Schwimmerin« einen Roman, der autobiographische Züge trägt. Es geht darin um die tiefe Zuneigung eines alternden Mannes, hier eines Bankdirektors, zu einem Mädchen aus einfachen Verhältnissen, das er in seine Firma holt und das ihm in Dankbarkeit verbunden bleibt, obwohl es seine Liebe nicht erwidern kann. Der Roman ist nie erschienen. Theodor Wolff hat sich aber um eine Verfilmung bemüht und als Hauptdarstellerin Greta Garbo vorgeschlagen, die größte Filmschauspielerin jener Zeit, der er es zutraute, eine Frauengestalt wie Ilse Stöbe verkörpern zu können. Aber auch die Filmverhandlungen zerschlugen sich.

Gab es damals im Leben der jungen Ilse Stöbe noch andere Männer? Theodor Wolff vermutete es, denn er schrieb in seinem Buch: »Wenn sie sich von ihrem Chef verabschiedet hatte, verschwand sie für ihn in ihrer eigenen Zone, in einer Umgebung, die ihm fremd war und unzugänglich.« Und er fragt sich: »Gab es in der ihm verschlossenen Zone nicht andere Männer? Er bemerkte ja, welchen Zauber sie auf beinahe jedermann ausübte, der in ihre Nähe kam.« Tatsächlich traf Theodor Wolffs Vermutung zu. Denn abgesehen von einigen jugendlichen kommunistischen Verehrern aus der Nachbarschaft ist Ilse schon damals im Mosse-Verlag Rudolf Herrnstadt begegnet. Der nur um sechs Jahre ältere glänzende Journalist übte auf die junge Frau eine große Anziehungskraft aus, zumal sie die gleiche Gesinnung hatten. Sie wurden ein Paar. »Beide waren verlobt«, berichtete Ilses Halbbruder. »Herrnstadt ging in unserer Familie ein und aus.« Und auch der spätere Verleger Helmut Kindler, der Ilse im Jahre 1930 bei einer Theateraufführung kennengelernt hatte und sofort von ihrem Charme und von ihrer Klugheit und Belesenheit tief beeindruckt war, schreibt in seinen Erinnerungen, daß sich zwischen ihnen in der Folgezeit eine »herzliche, vertrauens- und liebevolle Freundschaft« entwickelte, die jedoch immer platonisch blieb, denn »sie war schließlich die Geliebte von Rudolf Herrnstadt«.

Herrnstadt war damals Auslandskorrespondent für das »Berliner Tageblatt« in Warschau. Ilse wäre ihm gern dorthin gefolgt, um ihm nahe zu sein. Doch nachdem Theodor Wolff, der sie bisher beschützt und gefördert hatte, außer Landes war, bekam sie Schwierigkeiten in ihrer beruflichen Laufbahn; ihr Antrag auf Eintragung in die Berufsliste der Schriftleiter wurde vom nazistischen Reichsverband der deutschen Presse abgelehnt. Bevor sie anerkannt würde, hieß es, solle sie noch ein Jahr Volontärzeit im Sinne des Schriftleitergesetzes absolvieren. Dazu war sie aber wirtschaftlich nicht in der Lage. Sie mußte Geld verdienen. Also nutzte sie ihre Verbindungen zu Schweizer Zeitungen, zur »Neuen Zürcher Zeitung« und zur »Thurgauer Zeitung« und setzte durch, daß diese Blätter sie nun gleichfalls nach Warschau schickten, um über die Verhältnisse in Polen zu berichten. In der Tat müssen ihre Beiträge, die sie den Zeitungen schickte, damals glänzend gewesen sein, denn sonst hätten die Blätter sich wohl kaum darauf eingelassen, eine eigene Auslandskorrespondentin in Warschau zu etablieren.

Sie waren also wieder zusammen, Ilse und Rudolf, das Duo, das den Kern einer Gruppierung bildete, die von Berlin über Warschau nach Moskau führte. Herrnstadt weihte Ilse in seine illegale Arbeit ein. Er verstand es, sich vertrauliche Informationen zu beschaffen, die weit über das hinausgingen, was er als Korrespondent für seine Zeitungsartikel benötigte. Einen seiner Artikel über die damalige Situation in Polen hob Margret Boveri in ihrem Buch über das »Berliner Tageblatt« 1975 besonders hervor: Sie wertete ihn als »scharfsinnig und ohne kommunistische Nebentöne«.

Es zeugt von der Zivilcourage des damaligen Chefredakteurs Paul Scheffer, daß er seinem jüdischen Mitarbeiter Herrnstadt noch immer die Treue hielt. 1936 war es damit dann allerdings vorbei. Auch das »Berliner Tageblatt« war gleichgeschaltet, seine liberalen Redakteure wurden entlassen und durch stramme Nationalsozialisten ersetzt.

Herrnstadt war nahezu ein Jahrzehnt als Agent des sowjetischen Geheimdienstes in Warschau tätig. Er bezog seine Informationen nicht nur aus der Deutschen Botschaft, sondern auch aus allen anderen westlichen Botschaften. Zudem pflegte er kollegiale Beziehungen zu den meisten Auslandskorrespondenten, die in Warschau akkreditiert waren. So machte er Ilse Stöbe eines Tages auch mit dem Botschaftsrat Rudolf von Scheliha bekannt. Scheliha war ein erbitterter Hitler-Gegner. Er war der festen Überzeugung, daß Hitler das deutsche Volk in die Katastrophe trieb und daß man dagegen, im Rahmen der zur Verfügung stehenden Möglichkeiten, etwas unternehmen müsse. Er war daher einverstanden, als Herrnstadt ihm eines Tages vorschlug, sich mit einem Mittelsmann (der einen Scheck dabei hätte) in der Schweiz zu treffen. Das zu erwartende Geld war für Scheliha sicher nicht unerheblich. Er führte einen aufwendigen Lebensstil und steckte dauernd in Geldnöten. Allerdings war er der Ansicht, daß seine Berichte an den englischen Geheimdienst weitergeleitet würden. Daß dies nicht so war, hat Herrnstadt ihm nie offenbart.

Ein weiteres Mitglied der kleinen Widerstandsgruppe war Gerhard Kegel, ein junger Journalist der »Breslauer Neuesten Nachrichten«, der im Spätherbst 1933 nach Warschau gekommen war. Zu seiner eigenen Überraschung – und möglicherweise auf Herrnstadts Empfehlung – wurde ihm eine feste Stelle als wissenschaftlicher Mitarbeiter in der handelspolitischen Abteilung der Deutschen Botschaft angeboten; allerdings müsse er dazu in die NSDAP eintreten. Nach einigem Zögern fand er sich schließlich bereit dazu, da der Widerstandsgruppe daran gelegen war, durch ihn auf diese Weise an wichtige Informationen heranzukommen.

Ilse bewegte sich auf dem diplomatischen Parkett und auf Empfängen, zu denen sie nun durch von Scheliha geladen wurde, bald so natürlich und geschickt, daß sie leider sogar dem nationalsozialistischen Ortsgruppenführer auffiel, der sie in die faschistische Kulturarbeit einspannte. Ilse sollte den Diplomatengattinnen die Literatur und Kunst der Faschisten nahebringen. Man kann sich vorstellen, wie ihr dabei zumute war. Dennoch zwang sie sich dazu, auch diese Arbeit so gut wie möglich zu bewältigen, da sie eine gute Tarnung für ihre illegale Tätigkeit darstellte, die ihr das Wichtigste war. Galt es doch, nach Möglichkeit noch im letzten Moment den drohenden Krieg zu verhindern.

Auch Helmut Kindler wurde in die Widerstandsarbeit einbezogen. Mehrmals lud ihn Ilse nach Warschau ein. Als es endlich in Herrnstadts Wohnung zu einem Treffen kam, sagte Ilse zu ihm: »Helmut, wir nehmen an, daß du bereit bist, uns zu helfen. Unsere Arbeit ist nicht in erster Linie parteigebunden, doch mußt du wissen, sie geschieht im Einverständnis mit unseren Genossen in Moskau. Alles, was wir tun, geschieht Deutschland zuliebe.«

»Herrnstadt fragte mich«, schreibt Kindler in seinen Erinnerungen, »ob ich bereit sei, in die Kommunistische Partei einzutreten, wobei er betonte, daß diese Mitgliedschaft nach außen nicht in Erscheinung treten dürfe.« Kindler lehnte aber ab. Er sei Sozialist, sagte er, aber er wolle frei sein, er werde auch nicht der SPD beitreten. Ilse schlug ihm nach einigen Wochen vor, sich für einige Monate nach Bukarest zu begeben, wo er für eine amerikanische Presseagentur unverfängliche Artikel verfassen sollte. Seine eigentliche Aufgabe übermittelten ihm wenig später zwei Herren aus Wien, die er nur ein einziges Mal zu Gesicht bekam. Er sollte Berichte über Angehörige der Deutschen Botschaft – Nazis, Nichtnazis und Nazigegner – verfassen. Monatelang blieben dies die einzigen Aufträge, die ihm abverlangt wurden. Offenbar hatten die Nazis in der Botschaft aber doch Verdacht geschöpft, denn eines Tages berichtete ihm sein Vater aufgeregt am Telefon, daß in der Wohnung eine Haussuchung stattgefunden hätte: Man habe Manuskripte und Bücher von ihm beschlagnahmt. Glücklicherweise hatte sein Vater aber schon vorher alles verdächtige Material beiseite gebracht. Dennoch bat er nun seinen Sohn, nach Berlin zurückzukommen, was dieser auch tat. Als er wenig später Ilse in Berlin wiedersah, riet sie ihm – mit Grüßen von Herrnstadt – von weiteren »Aktivitäten« abzusehen, man würde ihm nur noch gelegentliche Kurierfahrten nach Wien übertragen. Doch auch diese Kurierfahrten – die letzte unternahm er im Februar 1938 – endeten mit dem »Anschluß« Österreichs an das Dritte Reich. Und mit dem Überfall Hitler-Deutschlands auf Polen löste sich auch die von Herrnstadt geleitete Warschauer Zentrale auf. Herrnstadt und Kegel setzten sich nach Moskau ab, während Ilse Stöbe mit Rudolf von Scheliha nach Berlin zurückkehrte.

Warum ging nicht auch Ilse nach Moskau? fragt man sich hier. Wollte sie nicht dem geliebten Mann nahebleiben? Und sehnten sich nicht alle jungen deutschen Kommunisten damals danach, in die Sowjetunion zu gehen, um dort beim Aufbau zu helfen? Auch Ilse muß es mit allen Fasern nach Moskau gezogen haben. Aber sie war von der Zentrale in Moskau zur Leiterin der Informationsgruppe Scheliha ernannt worden, der ihr im Auswärtigen Amt, wo er selbst tätig war, eine Stelle besorgt hatte. Hier, im »AA«, hatte sie Zugang zu wichtigen Informationen. Hatte sie sich – sicherlich schweren Herzens – der Disziplin gebeugt?

Nein, wahrscheinlich hatte sich das Liebesverhältnis zwischen Rudolf Herrnstadt und ihr damals bereits abgekühlt, und beide verband nur noch die gemeinsame Arbeit an der geheimen Front. Ulrich Sahm schreibt in seinem Buch über Rudolf von Scheliha, der später zusammen mit Ilse Stöbe zum Tode verurteilt und hingerichtet wurde, daß sich Ilse im Jahre 1936 in Berlin aufhielt. Offenbar sollte sie für die Schweizer Zeitungen über die Olympiade berichten. Bei dieser Gelegenheit lernte sie den Chefredakteur der »Thurgauer Zeitung«, Dr. jur. Rudolf Huber, kennen, der von der schönen und geistreichen Journalistin sofort stark beeindruckt war und sie für den kommenden Sommer in sein Haus in der Schweiz einlud. Tatsächlich hat Ilse Stöbe 1937 mehrere Monate bei ihm verbracht. Huber war kränklich und offenbar impotent, dennoch hatten sie die Absicht zu heiraten. Doch im darauffolgenden Jahr erkrankte Huber an einem schweren Nierenleiden. Er verbrachte das ganze Jahr 1939 in einem Sanatorium in Locarno, wo ihn Ilse besucht hat, sooft es ihr möglich war. Sie war auch bei ihm, als er im Januar 1940 starb. Huber hatte in seinem Testament, an seine drei Schwestern gewandt, vermerkt: »Krieg und Krankheit haben unsere Heirat verhindert. Es wäre mir lieb, wenn Ihr sie behandelt, als ob sie meine Frau gewesen wäre, was sie leider nie war. Die Beziehungen, die Ilse und ich zueinander hatten, waren so untadelig und lauter, daß Ihr Euch nicht zu schämen braucht, sie wirklich wie eine Schwester zu behandeln.« Er vermachte Ilse fast sein ganzes Vermögen: das große Verlagshaus der »Thurgauer Zeitung«, ein Ufergrundstück von 1700 Quadratmetern mit Wochenendhaus, Wertpapiere, Bargeld und eine Hypothek auf ein Hausgrundstück in Naumburg an der Saale – insgesamt ein erhebliches Vermögen in Schweizer Franken. Ilse war plötzlich eine vermögende Frau. Sie hätte dem »Dritten Reich« den Rücken kehren und in der Schweiz bleiben, vielleicht auch Mutter und Bruder dorthin holen können, um mit ihnen zusammen ein sorgloses Leben zu führen.

Eine verlockende Vorstellung? Man kann annehmen, daß auch Ilse mit dem Gedanken gespielt hat, sich von allem zurückzuziehen. Sie war jetzt so reich, daß sie in jedem Winkel der Welt hätte leben können, fern von Faschismus und Krieg. Aber war sie nicht dem sowjetischen Geheimdienst verpflichtet? Der war, wie man heute weiß, nicht zimperlich und hätte Ilse, falls sie wirklich hätte desertieren wollen, energisch und zur Not mit Gewalt in die Pflicht genommen. So fuhr Ilse nur noch einmal, bald nach Hubers Tod, in die Schweiz, um einiges Mobiliar von dort abzuholen, dann kehrte sie nach Berlin zurück und zu ihrem gewohnten Doppelleben. Nach außen war sie die befähigte, fleißige Mitarbeiterin im Auswärtigen Amt, in Wahrheit aber »Alta«, die geschätzte Kundschafterin einer fremden Macht, die sie via Rudolf Herrnstadt mit wichtigen Nachrichten versorgte.

Zur Informationsabteilung des Auswärtigen Amtes, wo Ilse arbeitete, gehörten sehr unterschiedliche Menschen wie Friedrich Sieburg (ehemals Redakteur der »Frankfurter Zeitung«), Giselher Wirsing, Hans Georg von Studnitz und sogar ein Graf Pückler. Ilse saß in einem Zimmer mit dem Journalisten Winfried Martini zusammen, mit dem sie sich sehr gut verstand. Er war ebensowenig Nazi wie die gemeinsame Sekretärin Ursula Schulz. Letztere schwärmte für Ilse, fand sie begabt und temperamentvoll, fröhlich, hübsch und elegant. Daß sie »in ihrer, übrigens sehr teuren, Kleidung einen ausgezeichneten Geschmack bewies«, betont auch Winfried Martini viele Jahre später in einem Interview. Und Ulrich Sahm schreibt sogar in seinem Buch, Ilse Stöbe könne keine Kommunistin gewesen sein, »da sie sich stets elegant gekleidet« habe. Aber muß man denn als Kommunistin in Sack und Asche gehen?

Nach Aussagen von Ursula Schulz hatten sich Ilse und Martini in den wenigen Monaten ihrer Zusammenarbeit eng angefreundet. Auch Ursula selbst gehörte zu ihrem Bund. Alle drei machten sich lustig über ihren Chef Schlemann, von dessen journalistischen Fähigkeiten sie nicht viel hielten. Ursula sollte auf Veranlassung der beiden von Schlemanns Diktaten zusätzliche Durchschläge anfertigen, da sie sich angeblich darüber amüsieren wollten. Ilse pflegte diese Durchschläge in ihre Handtasche zu stekken. Im Herbst 1940 flog die Sache auf, und Ursula Schulz wurde wegen Vertrauensmißbrauchs fristlos entlassen. Ilse Stöbe erreichte es jedoch – angeblich mit Hilfe von Helfrich, einem weiteren Mitarbeiter im Auswärtigen Amt, mit dem Ilse später zusammenlebte, oder auch durch Vermittlung Schelihas –, ihr eine Stelle im Hotel Majestic, Paris, zu verschaffen. Ursula verließ Berlin noch am gleichen Tage, und seitdem sind Ilse und sie einander nicht mehr begegnet.

Kurz nach dem Ausscheiden von Ursula Schulz mußte auch Ilse Stöbe die Informationsabteilung verlassen. Sie war anschließend in der Auslandsabteilung der Lingner Werke, dem großen Chemiekonzern in Dresden, tätig, was den Vorteil hatte, daß sie bei dieser Tätigkeit durch ganz Deutschland und sogar ins Ausland reisen durfte. Doch diese Arbeit war für sie, die keinerlei kaufmännische Erfahrung hatte, äußerst schwierig. Oft diktierte sie ihrem Sekretär stundenlang lange Briefe oder führte komplizierte Verhandlungen mit Zeichnern, Künstlern und Textgestaltern. Viele Texte schrieb sie auch selbst. Da es ihr nicht gelungen war, in Dresden, in der Nähe des Werkes, eine Wohnung zu finden, wohnte sie nach wie vor in Berlin, allerdings nicht mehr bei ihrer Mutter, die sie durch ihre konspirative Tätigkeit nicht gefährden wollte. Sie hatte jetzt eine eigene Wohnung in Charlottenburg, Wielandstraße 37, war aber dort aus guten Gründen polizeilich nicht gemeldet, sondern bei einer Familie Schulz in der Saalestraße 16. Darüber hinaus benutzte sie für besondere Nachrichten eine Deckadresse.

Die anstrengende Berufstätigkeit – sie mußte täglich früh um sechs aufstehen und arbeitete bis in die Nacht hinein – und die psychische Belastung durch illegale Treffs – nach wie vor hielt sie engen Kontakt mit Rudolf von Scheliha – hatten ihre Gesundheit angegriffen. Sie litt unter einer schweren Lebererkrankung und mußte sich mehrmals einer Kur unterziehen. Die Schmerzen und die erzwungene Ruhe müssen ihr arg zugesetzt haben. Sie war im Grunde ein fröhlicher Mensch und liebte die Natur. Helmut

Kindler erinnert sich, daß er mit Ilse oft mit der Bahn ins Grüne fuhr, an den Wannsee, öfter allerdings in die östlichen Vororte der Stadt, nach Treptow, Grünau und an den Müggelsee. Und einmal, im Winter, reisten sie auch gemeinsam und mit Ilses Freundin Ines in die Hohe Tatra. Kindler hegte den Verdacht, daß Ilse ihn mit Ines habe verkuppeln wollen. Denn »es hatte Augenblicke gegeben«, schreibt er, »in denen sich die Vertrautheit zwischen Ilse und mir unvermittelt in das Gefühl unlösbarer Zusammengehörigkeit, in den Wunsch nach dauernder Gemeinschaft hätte wandeln können – in große Liebe.«

Die Lingner-Werke waren nach dem Zweiten Weltkrieg völlig zerstört, sämtliche Unterlagen vernichtet, so daß sich nicht mehr feststellen läßt, wie lange Ilse Stöbe dort gearbeitet hat. Offenbar hat sie in dem Dresdner Betrieb aber nur eine kurze Gastrolle gegeben. So schrieb sie zum Beispiel in einem Brief an Rudolf Herrnstadt, wie umfangreich und strapaziös ihre Arbeit sei und daß sie befürchte, ihr aus Gesundheitsgründen nicht lange gewachsen zu sein. Es war der letzte Brief, den sie an ihn schreiben konnte. Der Krieg gegen die Sowjetunion war ausgebrochen! Der Krieg, den sie schon seit langem befürchtet und dessen möglichen Beginn sie der Moskauer Zentrale vorausgesagt hatte. Jetzt war ihr Platz in Berlin. Die Verbindung zur Russischen Botschaft in Berlin und damit zu Moskau war abgerissen und konnte vorerst nicht wiederhergestellt werden. Ilse wartete verzweifelt auf ein Zeichen von drüben. In dieser äußerst gespannten Atmosphäre, da die Wehrmacht unaufhörlich vorrückte und die Nazipresse Siege auf Siege verkündete, vom aktiven Kampf gegen den Faschismus ausgeschlossen zu sein und die Ereignisse nur noch passiv beobachten zu können, war ihr unerträglich. Sie wußte, daß sich die Mitarbeiter der Deutschen Botschaft in Moskau auf der Rückreise nach Deutschland befanden. Unter ihnen würde auch Gerhard Kegel sein. Sie war sich sicher, daß er sie aufsuchen und ihr wichtige Nachrichten von der Zentrale überbringen würde. Inzwischen mußte sie ihren Berlin-Aufenthalt legalisieren. Falls sie keine feste

Anstellung nachwies, konnte sie zum Kriegsdienst verpflichtet werden. Arbeitete sie also doch wieder im Auswärtigen Amt? Gerhard Kegel schreibt in seinen Erinnerungen »In den Stürmen unseres Jahrhunderts«, 1984, daß er nach seiner Rückkehr nach Deutschland, auf Grund seiner Erfahrungen auf journalistischem Gebiet, wieder ins Auswärtige Amt berufen wurde. Neuer Chef der Informationsabteilung war ein Dr. Kiesinger, Mitglied der Nazipartei seit 1933, nach Kriegsende von den US-Militärbehörden als einer der führenden Nazipropagandisten kurz inhaftiert, nach seiner Freilassung in der Bundesrepublik, die seine Verdienste im »Dritten Reich« voll zu würdigen wußte, rasch bis zum Bundeskanzler aufgestiegen. Damals also saß er mit einem Teil seiner Abteilung, die zur Informationsabteilung gehörte, in einer der großen älteren Villen am Rande des Tiergartens. Ein Kollege, meinte er zu Kegel, würde ihm seinen Arbeitsplatz zuweisen. Zu Kegels Überraschung war dieser Kollege Legationsrat von Scheliha, den er bereits recht gut aus Warschau kannte. »Und in einem weiteren Zimmer«, schreibt Kegel, »stellte er mir ein Fräulein Ilse Stöbe vor, das mir vielleicht noch aus meiner Warschauer Zeit in Erinnerung sei.«

Noch am gleichen Tage trafen sich beide in Ilses Wohnung. Die zukünftige Zusammenarbeit mußte besprochen werden. Beiden war klar, daß eine Verbindung nach Moskau jetzt nur noch auf geheimen Funkwegen möglich war. Kegel hatte aus Moskau die Instruktion bekommen, Ilse mit dem in Berlin-Karow wohnenden Funker Kurt Schulze zusammenzubringen. Unglücklicherweise hatte er aber in der Hast der überstürzten Abreise einige Ziffern vertauscht. Konnte man es wagen, sich ohne die Parole dem »Musiker« Kurt Schulze zu nähern? Konnte man wissen, ob er noch standhaft war? Wie viele waren in letzter Zeit umgekippt, hatten die Fahnen gewechselt oder waren verhaftet worden! Und falls letzteres zutraf, so würde man wohl, falls man ihn aufsuchte, in seiner Wohnung von der Gestapo in Empfang genommen. Nein, man mußte sich weiterhin still verhalten. Ilse wollte sich bemühen, die Verbindung zur Zentrale wieder herzustellen. Und falls ihre Bemühungen scheiterten, sollte Kegel einen Genossen, der sich damals im Ausland befand, aber ständigen Kontakt zur Zentrale hatte, zu einem Besuch nach Berlin veranlassen. – An wen dachten da beide? Rudolf Herrnstadt lebte nach wie vor in Moskau. Und Helmut Kindler, der damals in Berlin für das Oberkommando der Wehrmacht die Redaktion der Frontzeitung »Erika« leitete, hatte Ilse anvertraut, daß er einer anderen Widerstandsgruppe, der »Europäischen Union«, angehörte. Ilse hatte einige Zeit noch geglaubt, ihre politischen Freunde mit Kindlers Gesinnungsfreunden zusammenzubringen. Doch als er sie wenig später, im August, darauf ansprach, meinte sie, daß dies im Augenblick zu gefährlich sei.

Seit dem Sommer 1942 lebte Ilse mit Carl Helfrich zusammen. Beide kannten einander schon lange aus dem Auswärtigen Amt. Helfrich sei kein Kommunist, sagte Ilse zu Kegel, aber ein zu allem entschlossener Gegner des Naziregimes und unbedingt zuverlässig. Er unterstützte sie in ihrer illegalen Arbeit. Helfrich bot wohl Ilse, die ihm intellektuell weit überlegen war, den Schutz, nach dem sie so dringend verlangte. Sie lebte damals in ständiger Anspannung, besonders nachdem die Verbindung mit dem Funker Kurt Schulze endlich zustande gekommen war. Schulze diente nicht nur Ilse Stöbe als Funker, sondern auch der Widerstandsgruppe um Harro Schulze-Boysen-Harnack – von der Gestapo »Rote Kapelle« genannt –, er war Mitglied der sowjetischen Spionageorganisation, die von dem polnischen Kommunisten Leopold Trepper in Brüssel aufgebaut worden war und im unmittelbaren Funkkontakt mit Moskau stand. Aber immer wieder gab es bei den Sendungen technische Schwierigkeiten, die auf die Unzulänglichkeiten der Geräte zurückzuführen waren. Manche Nachrichten wurden auch durch Kuriere nach Brüssel befördert.

Bereits am 26. Juni 1941, also wenige Tage nach dem Überfall der deutschen Wehrmacht auf die Sowjetunion, hatte die deutsche Funküberwachung, die in Cranz/Ostpreußen stationiert war, im Äther eine neue Funkstation entdeckt. Ziel dieser Funker war Moskau. Wenige Tage später wußten die Horchfunker bereits, daß drei illegale Stationen von Berlin aus funkten. Im Führungsstab der Nazis schlug diese Nachricht wie eine Bombe ein! Hitler rief den Abwehrchef Canaris und SS-Chef Heydrich zu sich und machte beide dafür verantwortlich, daß man den Funker schnellstens faßt und unschädlich macht. Doch selbst die vereinten Bemühungen aller führten nicht zum Ziel. Längst war die Frist verstrichen, die Canaris dem Chef der Funküberwachungsabwehr bewilligt hatte, doch nach wie vor sendete der unbekannte Funker seine Nachrichten aus. Die besten Dechiffrierfachleute der Abwehr bemühten sich um deren Entschlüsselung. Dies gelang ihnen jedoch erst, nachdem die Deutschen Mitte Dezember 1941 den Brüsseler Sender ausheben konnten. Nun fiel ihnen der Code in die Hände, mit dem sie die Funksprüche entschlüsseln konnten. Und im Sommer 1942 entnahmen sie einem Funkspruch an Kent in Brüssel die genauen Adressen zweier Antifaschisten, die Kent in Berlin aufsuchen sollte. Es waren die Adressen von Harro Schulze-Boysen und von Adam Kuckhoff. Die Gestapo schlug noch am selben Tage zu und verhaftete fast sämtliche Mitglieder des »Kopfes« sowie an die hundert weitere Antifaschisten. Die meisten von ihnen wurden hingerichtet.

Ob Ilse Stöbe mit der Schulze-Boysen-Harnack-Gruppe in Verbindung stand, wisse er bis heute nicht, schreibt Helmut Kindler später. Es ist aber anzunehmen, daß sie voneinander wußten, und auf jeden Fall erfuhr Ilse von den Verhaftungen. Damit zog sich auch um sie der Ring immer enger. Im August 1942, also einen Monat vor ihrer Verhaftung, suchte sie Kindler in seinem Büro auf. Sie bat ihn, sie als Korrespondentin für die Wehrmachtszeitung »Erika« an die Ostfront zu schicken oder, noch besser, sie als Fallschirmspringerin mit besonderem Auftrag hinter den kämpfenden Truppen auf sowjetischem Boden einzusetzen. Kindler spürte wohl, daß sie verzweifelt nach einem Weg suchte, um der drohenden Gefahr der Verhaftung zu entgehen, konnte ihr aber nicht helfen.

Auch Ilse Stöbe wurde ein Funkspruch zum Verhängnis, den der »Direktor« in Moskau an Kent in Brüssel gesandt hatte. Die Funkabwehr hatte ein Jahr gebraucht, um ihn zu dechiffrieren. Kent wurde in diesem Spruch aus Moskau aufgefordert, der »wichtigen« Mitarbeiterin Alta, wohnhaft Wielandstraße 37, einen Chiffrierschlüssel zu übergeben. Am 12. September 1942 wurden Ilse Stöbe und Carl Helfrich in Ilses Wohnung verhaftet. Trotz des sie belastenden Funkspruchs stritt Ilse zunächst alles ab. Sie sei nicht Alta und sie kenne keinen Kent. Sie wisse auch nichts von einem Chiffrierschlüssel. Man brachte Ilse in einem Spezialfahrzeug, das von zwei weiteren Fahrzeugen begleitet wurde, ins Polizeigefängnis am Alexanderplatz. Das erste Verhör dauerte fast ohne Unterbrechung drei Tage lang. Ilse durfte nicht schlafen, erhielt nichts zu essen und zu trinken. Offenbar wollte man ihren Willen mit einem Schlage brechen. Doch Ilse hielt eisern stand.

Inzwischen nutzte die Gestapo ihre Kenntnisse aus, die sie über die geheimen Funkverbindungen zwischen Berlin und Moskau erworben hatte und sandte einen fingierten Funkspruch nach Moskau mit dem Wunsch, einen Fallschirmspringer zu »Alta« nach Berlin zu entsenden, um Geldmittel für die Aktivitäten eines wichtigen Kontaktmannes zu überbringen. Moskau schöpfte keinen Verdacht und antwortete umgehend, daß Heinrich Köster in Ostpreußen mit dem Fallschirm abspringen, nach Berlin fahren und »Alta« aufsuchen werde. Tatsächlich wurde am 23. Oktober der deutsche Emigrant Heinrich Köster – in Wirklichkeit Heinz Koenen, Sohn des ehemaligen kommunistischen Reichstagsabgeordneten Wilhelm Koenen – westlich von Allenstein, bei Osterode, mit einem Funkgerät von einem sowjetischen Langstreckenflugzeug abgesetzt. Am späten Nachmittag erreichte er Berlin. Er ahnte nicht, daß »Alta«, die er aufsuchen will, bereits verhaftet ist und daß die Frau, die ihm jetzt oben die Tür öffnet, nicht »Alta« (Ilse Stöbe) ist, sondern eine Polizistin, die die Gestapo in Ilses

Wohnung untergebracht hat. Arglos stellt er seinen Koffer mit dem Sendegerät bei ihr ab, arglos wechselt er mit ihr ein paar Worte. Er fragt nach Scheliha, und als ihm Bescheid gegeben wird, daß er diesen angeblich noch am gleichen Abend im Café Adler am Wittenbergplatz treffen soll, fügt er noch hinzu: »Hoffentlich bleibt der Bursche bei der Stange. Sonst können wir ihn auffliegen lassen.« Und er zeigt der vermeintlichen »Alta« eine von Scheliha unterzeichnete Quittung über 6500 Dollar aus dem Jahr 1938.

Einen Tag später wurden auch der Fallschirmspringer sowie Rudolf von Scheliha festgenommen, der sich einige Zeit in der Schweiz aufgehalten hatte und nichtsahnend in Basel den Zug nach Berlin bestieg, wo er schon von der Gestapo erwartet wurde.

Ilse Stöbe leugnete bis zuletzt, sieben Wochen lang, hielt allen Verhören stand, gab ihr Wissen nicht preis. Die Vernehmungen leitete der Kriminalkommissar der Gestapo Habecker. Eines Tages sagte er zu Ilse, die ihm durch ihre Haltung Respekt einflößte: »Sie sind keine dumme Frau, Stöbe. Ich würde sagen, Sie sind eine kluge und starke Frau. Als ein Untersuchungsbeamter, der schon fast zehn Jahre bei der Gestapo gearbeitet hat, kann ich sagen, daß Sie sich bei allen Verhören ausgezeichnet benommen haben. Daher möchte ich Ihnen einen Vorschlag machen: Wenn Sie freiwillig zu uns kämen und sich bereit erklärten, für uns zu arbeiten ...« Ilse ließ ihn gar nicht weitersprechen; sie hatte für ihn nur Verachtung übrig. Und erst, als ihr Habecker nun das schriftliche Geständnis Schelihas vorlegte, gab sie ihr Leugnen auf. Aber ihr blieb noch eine Hoffnung: Scheliha kannte nur sie. Sie mußte also alle Schuld allein auf sich nehmen. »Ich habe drei Männern und einer Frau das Leben gerettet«, sagte sie später zu ihrer Zellengenossin.

Ilse Stöbes »Fall« wurde vorm Reichskriegsgericht verhandelt. Die Anklage lautete auf Landesverrat. Man warf ihr vor, »in Verbindung mit dem Juden Herrnstadt, mit dem sie jahrelang Rassenschande getrieben hatte, Landesverrat verübt« zu haben.

Greta Kuckhoff, eine der wenigen Überlebenden der Schulze-

Boysen-Harnack-Gruppe, erzählte mir später ein bewegendes Erlebnis aus ihrer Gefängniszeit. Sie hatte Ilse Stöbe nie kennengelernt, saß aber in ihrer Nachbarzelle. Am 14. Dezember 1942 war Gretas 40. Geburtstag. Sie hatte Mithäftlingen einmal gesagt, wie sehr ein Gedicht in einem Konzert mit Schubert-Liedern sie vor Jahren bewegt habe, leider bringe sie den Text nicht mehr zusammen. Ihre Schicksalsgefährtinnen, die ihr zum Geburtstag eine Freude machen wollten, fragten nun rundum, wer von ihnen sich vielleicht an Text und Melodie erinnern könne.

Der 14. Dezember war auch der Tag, an dem Ilse Stöbe zum Termin abgeholt wurde. Bedrückt blieben die eingekerkerten Frauen in ihren Zellen zurück. Der Tag wollte scheinbar kein Ende nehmen. Endlich, kurz vor Einbruch der Dunkelheit, wurde Ilse in ihre Zelle zurückgebracht. Wie war der Termin verlaufen? Zu wievielen Jahren hatte man sie verurteilt? Die Frauen preßten ihre Köpfe an die Gitterstäbe. Warum sagte Ilse noch nichts? Warum spannte sie alle auf die Folter? Doch plötzlich hörten alle eine schöne, klangvolle Stimme. »Ilse sang für mich zu meinem 40. Geburtstag die Strophen«, sagte Greta Kuckhoff, »an die ich mich nicht mehr hatte erinnern können: Du bist die Ruh/ der Friede mild/ die Sehnsucht du, und was sie stillt ...«

»Ich war überwältigt«, schloß Greta. »Ich konnte nicht mehr an mich halten, brach in Schluchzen aus. Ilse hatte inzwischen ihr Lied beendet. Jetzt sagte sie, ruhig und gefaßt: ›Ich nehme Abschied von euch. Ich bin heute zum Tode verurteilt worden‹.«

Ilse Stöbe wurde am 22. Dezember 1942 hingerichtet, zusammen mit Rudolf von Scheliha, dem Funker Kurt Schulze und sechs Mitgliedern der Schulze-Boysen-Harnack-Gruppe. Dies waren Schulze-Boysen selbst und seine Frau Libertas, Arvid Harnack, Kurt Schumacher, seine Frau Elisabeth und Hans Coppi. Dem Gnadengesuch, das Ilses Halbbruder Kurt Müller mit Unterstützung von Helmut Kindler für seine Schwester eingereicht hatte, wurde nicht stattgegeben.

Einige Zeit später wurde auch Ilses Mutter verhaftet und nach

Ravensbrück verbracht, wo sie 1943 umkam. Auch Ilses Halbbruder, der der Widerstandsgruppe »Europäische Union« angehört hatte, wurde 1943 verhaftet und wegen »Vorbereitung zum Hochverrat« vom Volksgerichtshof zum Tode verurteilt. Carl Helfrich wurde nicht vor Gericht gestellt, kam aber ins KZ Mauthausen, wo er nach Kriegsende befreit wurde.

Ulrich Sahm beschäftigt in seinem Buch die Frage, was aus Ilse Stöbes erheblichem Vermögen geworden sei. In einem Testament hatte sie ihre Mutter zur Erbin eingesetzt. Nach deren Tod sollte Carl Helfrich die Erbschaft erhalten. Er hat sie auch tatsächlich angetreten, soviel man weiß.

In der Nacht vor ihrer Hinrichtung schrieb Ilse noch mehrere Abschiedsbriefe. Einen viele Seiten langen Brief richtete sie an Carl Helfrich, in dem sie neben persönlichen Bemerkungen auch ausführliche Angaben über ihren Nachlaß gemacht haben soll. An ihre Mutter schrieb sie: »Trauere nicht um mich. In solchen Fällen ist kein Platz für Trauer.«

Nach 1945 hatte sich eine Berufsschule in Berlin-Lichtenberg den Namen »Ilse Stöbe« gegeben. Die dortigen Schülerinnen und Schüler erforschten Ilses Leben. In liebevoller Kleinarbeit wurde ein Traditionskabinett aufgebaut, das an die tapfere Widerstandskämpferin erinnern sollte. Nach der Wende wurde die Berufsschule einer Westberliner Schule angegliedert. Den Namen »Ilse Stöbe« hatte man gelöscht.

2003

Sie wurde nie anerkannt

Hella Manigk (1909 bis 1996) hat zwei Menschen das Leben gerettet

*I*m vorigen Jahr war ich einige Tage an der Ostsee. Meine Kollegin Lieselotte, die mit mir war, fühlte sich nicht recht wohl, das Herz machte ihr zu schaffen, und sie mußte tagsüber viel ruhen. Darum fuhr ich oft allein durch die Gegend, per Auto oder mit der Pferdekutsche, die man mieten konnte. Unser Ort lag nicht weitab von Ückeritz. Ob ich Hella Manigk mal besuchen sollte? Aber ich wollte sie nicht einfach überfallen, sondern suchte aus dem Verzeichnis ihre Nummer heraus, um meinen Besuch in aller Form bei ihr anzumelden. Doch niemand meldete sich auf meinen Anruf, das Telefon blieb stumm. Schließlich tröstete ich mich mit der Vermutung, daß sie verreist sei und gab mein Vorhaben auf. Doch wieder zu Hause, fand ich beim Blättern in den liegengebliebenen Zeitungen Hellas Todesanzeige. Ich war tief bestürzt. Das Datum lag bereits einige Tage zurück. Also hätte ich sie schon auf dem Friedhof suchen müssen?

Mit Hella hatte ich eine Freundin verloren, mit der ich auf das Innigste verbunden gewesen war, obwohl wir beide uns erst im Alter kennengelernt hatten und uns auch nur wenige Male persönlich begegnet sind. Fast gleichaltrig, blickten wir beide auf die gleichen Erfahrungen zurück, erlebten schon als Kinder den Ersten Weltkrieg mit den Kohlrüben-Wintern an der Heimatfront, später die Republik, die zu lasch war, um den heraufziehenden Faschismus zurückzudrängen, dann den Faschismus selbst, den Terror und die Verfolgungen, den Taumel der Massen, das Siegesgebrüll, endlich die Wende bei Stalingrad und das Inferno des Zusammenbruchs, der für uns, die nun schon Mitdreißigerinnen, ein neuer, beschwerlicher Anfang war.

In all den Jahren haben sich unsere Tangenten nie berührt. Für Hella, in deren Elternhaus ein bescheidener Wohlstand herrschte, war die Zukunft mit Abitur und späterem Studium vorprogrammiert. Als Studienfach wählte sie Medizin, mußte aber, nach dem plötzlichen Tod des Vaters und dem Verlust des elterlichen Vermögens, vorzeitig das Studium abbrechen. Der Tod des Vaters muß einschneidend für sie gewesen sein, schmerzlich auch, hatte er ihr doch geistig besonders nahegestanden. Der Vater war es, der sie mit der russischen Literatur des 19. Jahrhunderts, die er liebte, bekanntgemacht und damit ihr Interesse für Rußland geweckt hatte. Zu seinen Freunden gehörten viele linksgerichtete Leute, die die Entwicklung Deutschlands Ende der zwanziger Jahre bereits mit Sorge betrachteten. So machte auch Hella 1929 in einem Schulaufsatz: »Was erwartest und erhoffst du von Deutschlands Zukunft?« von ihrer Abneigung gegenüber den Nazis keinen Hehl und bekannte offen ihre Liebe zur Sowjetunion, deren Entwicklung sie mit leidenschaftlichem Interesse verfolgte. Einmal sollte sie sogar von der Schule fliegen, weil sie das schwarz-rot-goldene Band, das zu tragen ihr der Schuldirektor – »Ich dulde an meiner Schule keine Politik!« – strikt verboten hatte, am anderen Tag durch ein rotes Bändchen an ihrer Windjacke ersetzt hatte. Nur der Fürbitte ihres Vaters verdankte sie es, daß sie bis zum Abitur an der Schule bleiben konnte.

Sie studierte in München, heiratete 1932 ihren Studienfreund Wolfgang Manigk und übersiedelte mit ihm zwei Jahre später nach Berlin. Hier brachte sie auch ihre zwei Kinder zur Welt. In München hatten sich unter ihren Freunden viele Kommunisten und Sozialdemokraten befunden. Einer der letzteren war Carlo Mierendorff, der sich später, nach seiner Entlassung aus dem KZ, dem Kreisauer Kreis anschloß und in ihm eine wichtige Rolle spielte. Als Hella kurz nach Kriegsbeginn mit ihren Kindern vor den Bomben floh und in das Sommerhaus auf der Insel Usedom übersiedelte – ihr Mann war inzwischen eingezogen worden –, stellte sie ihre Berliner Wohnung dem Freund für seine illegalen Treffs zur Verfügung. Oft kam Carlo auch, beladen mit Akten, zu Hella nach Ückeritz und bat sie, die Akten irgendwo auf dem Dachboden sicher unterzubringen. Manchmal erhielt sie auch nur ein Telegramm von ihm, natürlich mit verschlüsseltem Inhalt, und dann wußte sie, daß sie ihm diese oder jene Akte nach Berlin bringen sollte. Sie ahnte wohl, daß sie Dynamit in den Händen hielt, das sie unter ihren Kleidern verstecken mußte, aber das ängstigte sie nicht; sie war erfüllt von ihrer Mission und nur allzugern bereit, etwas gegen die Nazis zu tun, zu beweisen, daß sie nicht nur zu reden, sondern auch zu handeln vermochte. Darum ließ sie sich auf das Gefährliche dieser Kurierfahrten ein, ohne jedoch von den Attentatsabsichten eine Ahnung zu haben. So weit hatten die Genossen sie nicht eingeweiht.

Ihre größte Bewährungsprobe aber sollte sie erst gegen Kriegsende bestehen: als sie zwei aus einem Kriegsgefangenenlager entflohene Sowjetsoldaten 52 Tage lang in einem Verschlag, der zu ihrem Häuschen gehörte, versteckte und sie mit Kleidung und Nahrung versorgte. Man muß sich vor Augen halten, wie damals die Lage war, zwei Monate vor der Kapitulation. Das kleine Dorf Ückeritz, nur 15 Kilometer von Peenemünde entfernt, wo die Nazis noch fieberhaft an ihrer »Wunderwaffe« bastelten, strotzte vor Uniformen. Zehntausend Soldaten waren hier stationiert, Flakhelfer und Küstenbewacher. Der ganze Strand – dessen Befestigungen zum Teil heute noch zu sehen sind – war eine riesige Garnison. Die Zivilbevölkerung war aufgerufen, Schützengräben zu ziehen, wobei sie von SA-Leuten beaufsichtigt wurden. Am 13. März hatte es einen schweren Luftangriff auf Swinemünde gegeben, das völlig zerstört worden war. In der Nähe befand sich ein großes Lager mit russischen Kriegsgefangenen. Fünf Rotarmisten waren, sich das allgemeine Durcheinander zunutze machend, aus dem Lager geflohen und hatten versucht, sich zu retten, ohne überhaupt zu ahnen, wo sie sich befanden und daß sie auf einer Insel waren. Drei wurden bald wieder gefaßt. Die anderen zwei verdanken es Hella Manigk, daß sie am Leben blieben.

* * *

Anfang des Jahres 1984 machte die Filmregisseurin Gisela Sieber-Franze ein paar Tage Urlaub auf Usedom. Es war kein richtiger Urlaub, denn die Frau konnte weder entspannen noch den Kopf freimachen von den Sorgen, die sie bedrängten: Sie hatte den Auftrag, einen Dokumentarfilm über eine vorbildliche Russischlehrerin zu drehen, der zum Lehrertag, also im Juni, fertig vorliegen sollte, und noch hatte sie keine Ahnung, woher sie einen Stoff beziehungsweise ein geeignetes Vorbild nehmen konnte. Da führte der Zufall sie mit dem Leiter des Usedomer Filmklubs zusammen. Als sie dem ihre Nöte klagte, rief der lebhaft aus: »Da nimm doch unsere Hella aus Ückeritz! Sie ist zwar schon Rentnerin, aber ...« Und er skizzierte kurz, was es mit dieser erstaunlichen Frau für eine Bewandtnis hatte. Frau Sieber-Franze blieb skeptisch. »Und du willst mir einreden«, fragte sie, »daß bisher noch niemand etwas über diese Frau veröffentlicht hat?« So war es. Denn Hella Manigk, die jahrzehntelang auf Usedom als Russischlehrerin tätig war, und an der ihre ehemaligen Schüler noch immer mit großer Verehrung hängen, hatte die ganzen Jahre über bescheiden, »unentdeckt«, gelebt; niemand hatte von ihrer heroischen Tat bisher Notiz genommen, wenn man von der Verleihung einiger Medaillen absieht, die aber eher ihren schulischen Leistungen gegolten hatten. Mit um so größerem Eifer ging jetzt die Filmemacherin ans Werk. Allerdings ahnte sie schon nach den ersten Gesprächen mit Hella Manigk, die inzwischen die Fünfundsiebzig überschritten hatte, daß es ihr niemals gelingen würde, den Film bis zu dem gewünschten Termin fertigzustellen. Diese zarte, so zerbrechlich wirkende alte Dame hatte einen eisernen Willen, und es bedurfte langer und geduldiger Überredungsarbeit, um ihr die Einwilligung zu dem Film, in dem sie ja die Hauptrolle spielen sollte, abzuringen. Darüber war Zeit vergangen, und noch einmal vergingen Monate, bis man die Einreiseformalitäten für den Besuch von Michail, dem einen der Männer, die Hella gerettet hatte – die Wiederbegegnung der beiden, die sich allerdings schon vorher in der Sowjetunion getroffen hatten, sollte im Film zum Höhepunkt werden – erledigt hatte. Endlich aber konnte der Film, gerade noch rechtzeitig zum 40. Jahrestag des Kriegsendes, am 8. Mai 1985 über den Bildschirm gehen. Und dieser Film »Inselfrühling« hatte nicht nur einen poetischen Titel, sondern er war auch ein Kunstwerk, das den Zuschauer von der ersten Szene an bis zur letzten in seinen Bann schlug. Die Bilder, die die beiden nun Altgewordenen zeigten, wie sie einander nach Jahrzehnten in die Arme schließen, bevor Hella Michails Hand nahm und ihn behutsam, Schritt für Schritt, zu dem Holzhaus und dem Schuppen geleitete, die für beide mit so vielen Erinnerungen belastet waren – die gingen unter die Haut.

* * *

*I*ch wollte Hella Manigk kennenlernen. Die Gelegenheit dazu ergab sich, als ich im nächsten Frühjahr zu einer Lesung nach Wolgast fuhr. Von Wolgast bis Ückeritz ist es nur ein Katzensprung. Aber würde Frau Manigk mich empfangen wollen? War sie gesund und imstande, ein so langes und ausführliches Gespräch zu führen, wie es mir vorschwebte? Schon während der Dreharbeiten war sie nicht bei bester Gesundheit gewesen, und inzwischen war sie vier Jahre älter geworden. Aber sie ließ mich kommen. Sie erwartete mich sogar am Gartenzaun, und wir umarmten einander zur Begrüßung, als ob wir bereits Freundinnen wären. Hella erschien mir noch zarter und zierlicher, als ich sie vom Bildschirm her in Erinnerung hatte. Gewiß, ihr Gesicht war von Falten durchzogen, verschwieg nicht ihr Alter, aber ihr Gang war leichtfüßig-grazil, und sie ging so ... ja, beschwingt vor mir her, als ob ihr der unebene, hartgetretene Grasboden keinerlei Beschwerden bereitete. Sie gleicht der Palucca, dachte ich unwillkürlich. Und als ich es ihr sagte, meinte sie leicht verlegen: Das hätte man ihr schon öfter gesagt, und wieder andere fänden, daß sie Elisabeth Bergner ähnlich sähe. Aber das sei alles Mumpitz, fügte sie sogleich hinzu, in Wahrheit machten ihr ihre alten Knochen schon recht arg zu schaffen.

Später führte mich Hella durchs Haus, in dem sie seinerzeit mit vier Schwägerinnen, der von allen geliebten Omama und acht Kindern zusammengelebt hatte. Das Haus ist nicht groß, und man braucht nicht viel Phantasie, um sich auszumalen, welche drangvolle Enge hier geherrscht haben muß. Heute bewohnt Hella die vier Räume die meiste Zeit allein. Ihr Mann, der trotz seines Alters immer noch berufstätig ist, bleibt die Woche über in Greifswald und kommt nur übers Wochenende nach Hause. »Wären Sie am Sonntag gekommen«, sagt sie zu mir, »hätte es mir nicht gepaßt, weil dann mein Mann da ist.«

Sie war auch damals zu keinem erschöpfenden Gespräch bereit. Sie wollte auch nicht über den Film sprechen. Er hätte ihr viel Unruhe ins Haus gebracht, sagte sie. Den ganzen Sommer hindurch seien die Leute bei ihr ein- und ausgegangen. Und trotz der guten Beziehungen, die sich dabei entwickelten, hätte sie das Ganze doch sehr angestrengt. Und auf meine Frage nach einer angemessenen Entschädigung sagte sie nur abwehrend: nein, davon sei nie die Rede gewesen. – Später, als wir in ihrem Wohnzimmer beim Tee sitzen, schlage ich vor, zum vertrauten Du überzugehen, das unter VdN(Verfolgte des Naziregimes)-Kameraden üblich sei. Aber sie schüttelt den Kopf. Sie sei nicht meine »Kameradin«, sei nicht anerkannt. Und da sie meine maßlose Verblüffung bemerkt, fügt sie hinzu: Sie sei ja nicht, wie die Statuten für die Anerkennung es vorsehen, während der Nazizeit im Gefängnis gewesen. Sie habe »nur« ihr Leben riskiert. Offenbar gelte das nicht.

Ich nahm mir vor, nicht länger in sie zu dringen, sondern zu warten, bis sie von selber sprach. Bei meinem nächsten Besuch – inzwischen war Hella kurz bei mir in Berlin – quartierte ich mich für ein paar Tage bei ihr ein. Erst jetzt, bei gemeinsamen Spaziergängen, wurde mir die Schönheit des kleinen Anwesens ganz bewußt: die Lage, fast am Ende des Ortes und direkt am Wald; das Grundstück, von dem aus der Blick im Westen weit über das Achterwasser und die angrenzenden Felder geht. Hier säße sie oft abends im Sommer und betrachte den Sonnenuntergang, erzählte sie mir. Gut, aber im Winter? Ob ihr da nicht manchmal bange sei so allein? – Sie blickte mich verwundert an. Aber sie sei nicht allein, Sohn und Tochter mit den fünf Enkelkindern wohnten nicht weit. Sie zeigt mir die Mappen mit den Familienfotos, breitet sie vor mir aus, all die Zeugnisse eines langen und doch wohl reichen Lebens; Bilder von ihr als Abiturientin und als junge Frau, Fotos von den Kindern und Kindeskindern. Und da ist auch ein Bild vom Haus in Ückeritz, haargenau so, wie es heute noch daliegt, nichts haben die Bewohner seit 1932 daran verändert, nichts auf »Datsche« getrimmt; bloß der Handwagen, der auf dem Bild neben der Tür steht, ist nicht mehr da. Damals, erzählt Hella, habe sie mit ihm unentwegt Kartoffeln herankarren müssen. Bis nach Rügen sei sie gefahren, um irgend etwas Eßbares für die 14köpfige Familie aufzutreiben. – Und nun kam sie ins Erzählen, hörte gar nicht mehr auf. Und es störte sie auch nicht, daß ich den Recorder hervorholte und neben mich stellte, daß ich das Mikrophon unauffällig in ihre Nähe schob. Sie schien es gar nicht zu beachten. Sie erzählte ...

* * *

»*D*amals wollte ich auch gerade ins Dorf, um Kartoffeln zu holen. Und plötzlich trat aus der Schonung gegenüber ein völlig zerlumpter Mann auf mich zu – ich weiß noch, er trug einen französischen Mantel und eine Russenmütze –, hielt mir eine zerbeulte Bauernkanne entgegen und sagte nur: ›Frau, Kartoffeln!‹ Ich dachte erst, er sei einer der vielen Ostflüchtlinge, die ringsum im Wald kampierten und verzweifelt versuchten, sich irgendwie am Leben zu erhalten. Also erklärte ich ihm, daß ich die Kartoffeln erst holen müsse, daß er aber, wenn ich zurückkäme, welche haben könne. Doch als ich später zurückkam, war er nicht mehr da. Erst nach einer Weile trat er plötzlich wieder aus dem Wald heraus, und da ahnte ich schon: Etwas stimmt hier nicht, denn warum hatte er sich versteckt gehalten? Er blieb an meiner Seite, und unterwegs fragte ich ihn, wo er denn herkomme? Er konnte ein wenig Deutsch radebrechen und gab offen zu, daß er ein russischer Kriegsgefangener aus Swinemünde sei. Als ich ihn viel später in Rostow am Don einmal fragte, woher er den Mut genommen hätte, mir das zu sagen, meinte er: ›Ich hatte ein Messer im Stiefel.‹ – Also, ich machte ihm klar, daß er in dem Wald nicht bleiben könne. Da wimmele es von SA und von Dorfleuten, die dabei seien, Schützengräben zu ziehen. Dort würde er bestimmt entdeckt, wenn nicht heute, dann morgen. ›Kommen Sie mit zu mir nach Hause‹, sagte ich. ›Ich werde Sie verstecken.‹ Aber das wollte er nicht, da er noch einen Kameraden hatte, der gleichfalls geflohen war. Da sagte ich: ›Dann bringen Sie den mit.‹ Also, erstmal gab ich ihm Kartoffeln, dann ging ich nach Hause, und nun stand mir ja etwas ganz Schweres bevor, nämlich meine Angehörigen einzuweihen. Sie protestierten gewaltig, was man ja versteht. Es hieß: Denk an die Kinder! Wenn das rauskommt, werden wir umgebracht. Das kannst du nicht machen, kannst du uns nicht antun. Ich war aber so überzeugt von meiner Mission, daß ich sie schließlich überredet habe. Ich sagte: ›Ich verstecke sie im Ziegenstall, und die Ziegen gehören ja mir, das ist nur meine Sache, von der ihr überhaupt nichts zu wissen braucht.‹ – Meine Schützlinge kamen erst spät am Abend; der andere hatte erst nicht kommen wollen, weil er eine Falle befürchtete. Die lockt uns nur an, meinte er, und übergibt uns dem Militär. Na, da lebten sie dann bis Kriegsende, 52 Tage lang. Ich mußte jeden Tag frisches Stroh holen, was natürlich auch auffiel. Ich gab ihnen alles, was sie brauchten, frische

Wäsche von unseren Männern, die im Krieg waren – ihre Uniformen habe ich sofort verbrannt, und sie konnten nun Zivil anziehen. Sie hatten ja auch keine Lebensmittelkarten, und das war schlimm, weil ich ja den Kindern nichts entziehen durfte. Ich ging jeden Tag über Land, um etwas zusammenzubetteln. Die beiden verließen nur nachts ihr Versteck. Tagsüber blieben sie im Stall, allerdings bei offener Tür, die Kinder wußten genau Bescheid. Die Kinder, im Alter zwischen drei und vierzehn Jahren, bildeten natürlich eine gewisse Gefahr für uns. Aber sie wußten schon, daß sie manches geheimhalten mußten, das Radiohören und das Schimpfen auf Hitler, und sie hielten den Mund. Trotzdem gab es noch Gefahrenmomente. Einmal kam Militär zu uns aufs Grundstück; sie wollten Bäume fällen, die ihnen die Sicht auf die Landstraße versperrten. Mit denen hatte ich eine schwere Auseinandersetzung! Ich stand mit dem Rücken zum Ziegenstall, und die Militärs drohten mir, alles umzulegen, auch das Haus, wenn ich mich weigern würde, die Bäume fällen zu lassen. Meine Schützlinge, die den Wortwechsel hörten, glaubten natürlich: Jetzt hat sie Militär geholt, jetzt übergibt sie uns denen! Sie lagen schlotternd vor Angst auf der Erde, hatten sich mit Stroh zugedeckt und fürchteten, ihr letztes Stündlein sei gekommen. Sie wußten ja nicht, worum es ging. Sie waren schon seit 1942 in Gefangenschaft, hatten ein paar Brocken Deutsch gelernt: ›Brot‹ wußten sie, ›Streichhölzer‹, ›Kartoffeln‹ – aber das war auch alles. Ich hatte inzwischen schon auf eigene Faust angefangen, Russisch zu lernen. Mir war vor Jahren schon eine Soldatenfibel in die Hände gefallen, in der hieß es aber nur: ›Hände hoch! Stillgestanden oder ich schieße!‹ und so. Ich lernte von morgens bis abends. Das Alphabet erklärten mir russische Kriegsgefangene, die bei einem Schuster in Wolgast arbeiteten. Als ich später für den Schuldienst von einem Dolmetscher geprüft wurde, sagte der: ›Na ja, für den Anfang genügt es. Sie sprechen aber nicht russisch, sondern ukrainisch.‹ Sprechen konnte ich anfangs überhaupt noch nicht, nur lesen und buchstabieren, aber mit meinen Russen konnte ich mich zur Not schon verständigen. Diese sechs Wochen haben uns ganz nahe zusammengebracht. Die gemeinsame Gefahr, dieses aufeinander Angewiesensein, so daß man das Gefühl hat, man kennt sich schon viele Jahre lang, das schmiedet zusammen.

Ende April 1945 begannen dann die schweren Bombenangriffe auf die Insel Usedom. Peenemünde hatte man schon früher in Grund und Boden bombardiert. Jetzt waren es Angriffe der Sowjets, die die Insel erobern wollten. Als das erste Flugzeug über uns kreiste, war ich gerade im Garten, und beim Anblick des Roten Sterns warf ich die Arme hoch und begann zu winken – aber als Antwort hörte ich nur Maschinengewehrfeuer. Und abends sagten unsere Bewohner des Ziegenstalls, wir könnten nun nicht länger hier im Hause bleiben. Das Haus sähe von oben aus wie eine Soldatenbaracke und würde sicher als Angriffsziel dienen, wir müßten aufs Feld und uns eingraben. Doch davor hatte ich Angst. Schließlich gingen wir in den Wald, in die Schonung, und Michail und Iwan gruben uns Splittergräben. Das war gerade während eines Bombenangriffs. In diese Gräben schoben wir nun die Kinder, eins nach dem anderen, und zuletzt sprangen wir selber hinein. Ringsum waren lauter Bombentrichter, kleine und große, aber wir hatten Glück, wir wurden nicht getroffen. Drei oder vier Tage haben wir so verbracht. Zwischendurch bin ich immer mal weggegangen und habe bei unserem Nachbarn die Kühe gemolken. Wir brauchten doch die Milch, und der Bauer hielt sich in einer Fischerhütte versteckt. Ich holte auch die Eier von den Bauernhöfen. Und so haben wir unser Leben da im Wald gefristet. Leider hat es in jenen Tagen ziemlich viel geregnet. Ich holte die Teppiche aus dem Haus, in die wir uns einrollen konnten, und mit denen wir vor allem die Kinder zudeckten. Iwan und Michail, die bei allem dabei waren, haben da zum erstenmal auch meine Verwandten gesehen, die sie ja noch nicht kannten. Sie kannten bisher nur die Kinder, für die sie aus Langeweile sogar wunderhübsche Spielsachen gebastelt hatten, auch Pantoffeln, die sie sehr nötig brauchten.

Einmal hörten wir von der Straße her lautes Getrappel, und ich kroch heraus, weil ich dachte, jetzt kommt Militär oder was. Es waren aber Sowjetrussen, die aus einem Kriegsgefangenenlager evakuiert worden waren; lauter Elendsgestalten, einer stützte den anderen, viele waren verwundet. Ich hatte gerade drei Eimer Milch bei mir und gab ihnen davon, die deutschen Wachmannschaften hatten sich schon dünn gemacht. Ich ging hin, begrüßte sie, und ich wundere mich noch heute, daß sie mich nicht gleich totgeschlagen haben: eine deutsche Frau! Und sie waren gerade aus einem Lager entlassen worden, aus dem man täglich an die zweihundert Tote hatte hinausschaffen müssen! Sie weinten, als ich ihnen von der Milch zu trinken gab. Die erste menschliche Handlung. Das erste menschliche Erlebnis, das sie seit langem hatten. – Etwas später hörte ich erneut ein Geräusch, kroch aus dem Graben, lief in den Garten – und da sah ich auf der Landstraße die Panjewagen, sah die Rote Armee, die Rotarmisten, die ganze Straße war voll von ihnen! Ich lief rasch wieder zurück, und wir umarmten uns alle: Der Krieg war aus! Wir waren alle glücklich, hatten nicht die geringste Angst, was ja erstaunlich war nach allem, was die Faschisten dem sowjetischen Volk angetan hatten. Aber was nun? Iwan und Michail meinten, ich müsse sofort ins Dorf und einem sowjetischen Offizier melden, daß ich zwei russische Gefangene bei mir hätte. Freudig nahm ich das Fahrrad, fuhr los, und schon hier in der Waldstraße traf ich auf weitere sowjetische Soldaten, die ich ohne eine Spur von Angst in meinem gebrochenen Russisch fragte, wo ich hier einen Offizier finden könne? Die waren sehr verblüfft, weil eine junge Frau – ich war damals Mitte dreißig – so ungeniert mit ihnen sprach, aber sie taten mir Bescheid, und ich arbeitete mich durch bis zu dem Haus, das sie mir bezeichnet hatten. Auf der Treppe sah ich schon eine Menge leerer Weinflaschen liegen. Na, die hatten bereits gefeiert. In einem Raum saßen etwa fünfzehn Offiziere, alle sehr heiter, aber nicht betrunken, und denen sagte ich mein Sprüchlein her. Kaum hatte ich geendet, da wurde ich schon in die Höhe gehoben und viele

Male umarmt. Ein Offizier wurde dann abkommandiert, mit mir nach Hause zu gehen, und als wir hinunterkamen, war da mein Fahrrad schon weg. (Ich habe es aber später wiederbekommen.) Der Offizier hat dann zu Hause, hier in diesem Zimmer, die Gefangenen verhört, während wir anderen den Raum verlassen mußten. Er wollte herausfinden, ob es sich bei meinen Schützlingen vielleicht um ›Hilfswillige‹ handelte, die auf deutscher Seite gekämpft hatten, was ja aber nicht der Fall war. Unsere Freunde wurden dann bereits am nächsten Tag abtransportiert. Sie kamen in ein Sammellager bei Koserow, und viele Leute hier sagten: ›Die siehst du niemals wieder, die werden zu Hause sofort erschossen! Denen hast du gar nichts Gutes getan.‹ Erst viel später habe ich erfahren, daß sie sich zum Glück geirrt hatten.

Der verhörende Offizier hatte darauf bestanden, daß meine Freunde vor ihrem Aufbruch einen Zettel schrieben, eine Art Bescheinigung. Darauf stand, daß ich ihnen das Leben gerettet hätte, daß sie 52 Tage hier bei mir versteckt gewesen seien, wie dankbar sie mir wären und so weiter. Darunter schrieben sie ihren Namen und den Geburtsort, aber keine Adresse. Und in der Aufregung vergaß ich auch, ihnen meine Adresse zu geben. Die hätte ich übrigens auf russisch gar nicht schreiben können. Also, die wußten meine Adresse nicht und ich nicht die ihre. Ich brachte sie noch bis zur Landstraße – das war am 5. Mai.

Inzwischen hatte man im Ort eine Kommandantur eingerichtet. Am 8. Mai früh um fünf kam der Kommandant hierher, weckte uns und sagte: ›Krieg ist aus – Gittlär ka-puut.‹ Ich weiß noch, es war bitterkalt, der Himmel blau und wolkenlos, aber eisig, und wir wärmten uns erst bei einer Flasche Schnaps. Wir waren wie berauscht, alle! Daß der Krieg zu Ende war, wer hat sich darüber nicht gefreut? Die Sowjets versuchten, aus mir herauszukriegen, wer im Ort Nazi gewesen war, aber ich sagte nur: ›Alle!‹ – Ich hätte es nie über mich gebracht, jemanden anzuzeigen, das lag mir fern. Inzwischen hatte sich meine ›Geschichte‹ schon herumgesprochen. Einige Frauen meinten zwar: ›Unsere Männer blieben in Stalingrad, und Frau Manigk holt Russen ins Haus, um sie zu retten.‹ Aber im großen und ganzen wurde ich toleriert, zumal unser Dorf dadurch eine gewisse Sonderbehandlung genoß. Ich wurde ja als Bürgermeisterin eingesetzt. Und wenn anderenorts gehungert wurde – wir hatten so viel zu essen, wie seit langem nicht. Die Bauern brauchten ja zuerst noch nichts abzuliefern, sie wußten gar nicht wohin mit ihren Produkten, alles war noch unorganisiert. Das änderte sich allerdings bald.

Eine meiner Hauptaufgaben bestand darin, die vielen Flüchtlinge, darunter elternlose Kinder, die die Straßen bevölkerten, aufzufangen und irgendwo unterzubringen. Die Kinder brachten wir in ein leerstehendes Kinderheim und die Familien, die aus Polen oder aus Ostpreußen stammten, in die verlassenen Sommerhäuser. Bei einigen Kindern fanden wir, eingenäht in ihren Rocksaum, ein kleines Geldstück vor, das ihnen die Mutter noch fürsorglich zugesteckt hatte, bevor sie vielleicht an Typhus oder an Entkräftung gestorben war. Ich holte die Leute ab und sorgte für ihre Unterbringung, sauste also hin und her, und alles per Fahrrad, das mir aber auch noch mehrmals abgenommen worden ist, so daß ich danach alles zu Fuß bewältigen mußte. Für meine Arbeit erhielt ich hundert Mark im Monat, so viel kostete damals ein halbes Pfund Butter auf dem Schwarzen Markt.

Doch dann erfuhr der Schulrat, daß ich Russisch sprach, und er überredete mich, in den Schuldienst einzutreten. Anderthalb Jahre lang habe ich in sechs verschiedenen Schulen unterrichtet, mußte auch jetzt wieder alle Wege mit dem Fahrrad tun – zuerst mit einem Fahrrad ohne Schlauch, ohne Mantel, nur mit einem Seil umwickelt. Als Lehrmaterial diente mir eine Fibel für russische Kinder, Ma-ma, Pa-pa und so, Hefte hatten wir nicht, wir schrieben auf Rändern von Zeitungspapier. Die Bleistifte hatte ich vorher in winzige Stücke zersägt, damit es für alle reichte. Bis 1952 unterrichtete ich dann nur noch an drei Schulen, in Koserow, Ückeritz und Kölpinsee, bis ich an die EOS in Heringsdorf versetzt worden bin. Aber das ging alles nicht so reibungslos, wie ich es jetzt erzähle. Ich hatte vorher an einem Lehrgang in Schwerin teilgenommen, der aber, als ich hinkam, schon ein halbes Jahr lief. Meine Schwägerinnen betreuten inzwischen meine Kinder, ich fuhr nur zum Wochenende nach Hause. Ich dachte, ich schaffe es nicht. Und ich habe auch das russische Examen nur mit Drei bestanden, glänzte aber in allen anderen Fächern, und das war wohl mein Glück. Dann habe ich auch fünf Jahre lang ›fernstudiert‹, das war ungeheuer anstrengend. Wir wohnten ja noch alle in dem Haus zusammen und um lernen zu können, ging ich hinaus in den Wald. Für meine Kinder hatte ich nur wenig Zeit. Auch nach Heringsdorf mußte ich noch immer mit dem Fahrrad fahren. Es gab ja noch keine regelmäßige Zugverbindung, die Schienen waren abgebaut. Aber wie gesagt, wir wohnten noch alle zusammen, das erleichterte mir manches, Omama kochte für alle. Erst 1952 haben sich unsere Wege getrennt.

Inzwischen war mein Mann aus der Kriegsgefangenschaft zurückgekehrt. Er war eingezogen worden als Arzt, geriet in Italien in englische Gefangenschaft. Eines Tages – ich sollte gerade in Schwerin mein Examen ablegen – erhielt ich von ihm ein Telegramm: ›Bin in Dachau. Hol mich ab.‹ Das Telegramm in der Hand, ging ich zur Kommandantur, sagte so und so, mein Mann fürchtet anscheinend, nach Sibirien zu kommen, er möchte, daß ich ihn abhole, ich bitte um Urlaub. Der Offizier erwiderte ganz aufrichtig: Was an der Grenze passiere, wüßte er nicht; hier würde ihm aber nichts passieren. Dieser Bemerkung entnahm ich, daß solche Sachen doch vorgekommen sein mußten. Also ging ich zum Bahnhof und löste eine Fahrkarte nach München. Damals ging das noch ganz einfach. Sieben Tage war ich unterwegs. Es war der kalte Winter 1947, die Peene war zugefroren, so daß ich, auf dem Rücken den Rucksack mit den drei Broten, die mir der Bäcker gegeben hatte, über die Eisschollen kriechen mußte. Auf der anderen Seite wurde ich gleich von Polizisten untersucht: Was ich im Rucksack hätte? Ich sagte immer die Wahrheit, weil man damit, wie ich aus Erfahrung wußte, am weitesten kommt. Die Fahrt war grausam. Die Züge ungeheizt. Zwölf Stunden stand ich auf dem Bahnhof Zoo. Es war ein entsetzlicher Andrang. Ich stand ganz vorn am Bahnsteig, aber als der Zug einfuhr, drängten die Menschenmassen mich an die Gleise, und plötzlich stand ich im Abgrund. Ich kam allein nicht wieder hoch mit meinem schweren Rucksack, und kein Mensch half mir, jeder hatte mit sich zu tun, dachte nur an sich selbst. Weinende Mütter mit ihrem Kinderwagen wollten hinein, und wer hat ihnen geholfen? Russische Soldaten haben sie ins Abteil gehoben, und einmal gelang es auch mir, mit hineinzuschlüpfen. Aber es war unterwegs so wahnsinnig kalt, daß ich dachte, möchte doch der Zug mit einem anderen zusammenstoßen, dann ist wenigstens alles zu Ende, denn die Kälte war nicht auszuhalten. – Na, hinter Eisenach wurde ich mit anderen aus dem Zug geholt, von den Engländern in ein Lager gebracht und verhört: Warum wir nach dem Westen wollten? Und da sagten die, die mit mir gekommen waren: Die Russen schössen die Leute auf offener Straße über den Haufen und begingen die entsetzlichsten Greueltaten; darum wollten sie rüber! Mich hielten die Engländer zwei Tage fest, ich mußte im Lager kampieren, ohne eine Decke und alles – dann endlich durfte ich weiter. Zurück bin ich dann mit meinem Mann über die grüne Grenze gegangen. Unterwegs wurde ihm noch sein Köfferchen mit den Papieren gestohlen, seine Tagebücher und Briefe. Die Menschheit war völlig durcheinander und demoralisiert. Und hier in Ückeritz gab es – 1948 – noch keinen Strom, wir hatten nur Öl von der Mühle, in Eierbechern, und darin einen kleinen selbstgedrehten Docht. Der ganze Raum war verräuchert. Und bei dieser Funzel hat mein Mann seinen kleinen Sohn, den er nur als Säugling kannte, nach fünf Jahren zum erstenmal wiedergesehen.

Wann ich meine Schützlinge gefunden habe? Das ist eine lange Geschichte. Ich hatte ja mehrmals Karten an ihren Geburtsort geschickt, aber nie eine Antwort bekommen – natürlich nicht, denn dort wohnten sie nicht. Doch nach einigen Jahren fuhr ich mit einer Delegation nach Moskau. Wir sollten sechs Wochen dort bleiben zur Weiterbildung. Beim festlichen Empfang saß die Sekretärin des Lehrganges neben mir. Der gab ich den bewußten Zettel mit den Namen meiner zwei Schützlinge und fragte sie, ob sie mir helfen könne, die Adressen der beiden oder wenigsten von einem der beiden herauszubekommen. Sie versprach, sich zu bemühen und ging hinaus. Schon nach kurzer Zeit kam der Direktor vom Institut auf mich zu, der den Zettel mit den Lobeshymnen auf mich natürlich inzwischen gelesen hatte; er war hingerissen, begeistert, versprach, mir in kürzester Frist die Adressen zu bringen. Tatsächlich tat er mir schon am nächsten Morgen Bescheid. Er hatte herausbekommen, daß Michail in einem Kolchos im Rostower Gebiet wohnte; er hatte sogar mit ihm telefonieren können. Als Michail gehört habe, worum es ging, sei er vor Freude in Tränen ausgebrochen. Er hoffe dringend, mich wiederzusehen, schlug aber vor, daß ich zu Iwan fahren solle, wohin auch er später kommen würde. Für mich war die Gelegenheit günstig, denn unsere Gruppe fuhr für eine Woche nach Leningrad – diese Zeit konnte ich nützen. Inzwischen war im ›Roten Stern‹ bereits meine ›Geschichte‹ erschienen und der Journalist, der den Beitrag verfaßt hatte, wurde mir zu meiner Begleitung mit auf die Reise gegeben. Er war ein reizender junger Mann von noch nicht einmal dreißig Jahren, sehr begabt – später war er als sowjetischer Botschafter bei der UNO tätig. – Auf dem Flugplatz von Taropol wurde ich von der halben Stadt empfangen. Tausende von Menschen waren zusammengeströmt, alle trugen in der Hand riesige Blumensträuße. Solche Begrüßung, so herzlich und liebevoll, hätte ich nie für möglich gehalten. Und eine Kapelle war da, die zu meinen Ehren ›Deutschland, Deutschland über alles‹ spielte! Später entschuldigte sich der Kapellmeister: Er habe die Noten für unsere Hymne gerade nicht parat gehabt, er hoffe aber, er würde mir auch damit eine Freude gemacht haben. –

Ich blieb eine Woche dort, wohnte im besten Hotel, während in Iwans Haus, das dem unseren hier gleicht, mit blauen Fensterläden und einem bunten Blumengarten, gefeiert wurde. Die schönsten Leckerbissen hatte man aufgetischt und jeder, der wollte, konnte kommen und an den Herrlichkeiten teilhaben. Das Schönste aber war, daß auch Michail noch kam – auch die beiden trafen sich seit damals zum erstenmal wieder. – Ich flog dann zusammen mit Michail in einem Flugzeug, einer Art Doppeldecker, mit dem die Bauern ihre Produkte auf den Markt bringen, wieder zurück. Der Pilot hatte rechts und links je ein Kind im Arm, so steuerte er die Maschine. Und Mischa, der zum erstenmal flog, hielt die ganze Zeit über meinen Arm umklammert. Das alles wird mir immer im Gedächtnis bleiben.

Wie es zu Hause weiterging? Allmählich war man auch dort auf mich aufmerksam geworden, nachdem man mich ja in Moskau so groß gefeiert hatte. Auf einmal erhielt ich von dem damaligen Minister für Volksbildung eine Medaille verliehen. Und von der ›Gesellschaft für deutsch-sowjetische Freundschaft‹ erhielt ich die Ehrennadel in Gold, aber ich glaube, das war bei einer anderen Gelegenheit, als alle die geehrt wurden, die sich um die Organisation verdient gemacht hatten. Als der 25. Jahrestag der DDR-Gründung herankam, schenkte man mir eine Reise in die Sowjetunion, was vielleicht auch mit der Geschichte von damals zusammenhing, obwohl man es nicht so direkt zum Ausdruck brachte. Vielleicht wollte man auch meine schulischen Leistungen würdigen. Nach dem Kriegsende hatte ich ja häufig Lebensläufe schreiben müssen, in denen ich diese Sache, die ja vollkommen meinen Gefühlen, meiner Lebensanschauung entsprach, immer auch erwähnt hatte – aber niemals bekam ich darauf das geringste Echo. Ob man mir nicht ganz geglaubt hat? Ob man dachte, ich übertreibe? Ich kann es nicht beurteilen. Ich weiß es nicht.«

* * *

*H*ella hatte geendet. Ich sah, sie war erschöpft, der lange Bericht hatte sie angestrengt, die Erinnerung an so vieles, was ihr noch heute unter die Haut ging, hatte sie aufgewühlt, so daß ich fürchtete, sie würde lange nicht einschlafen können. Auch ich lag wach, ließ das Gehörte noch mal an mir vorüberziehen, suchte zu ergründen, worin das Besondere dieses Frauenlebens bestand, das sich dem oberflächlichen Betrachter so harmonisch darbot. Hella hatte ja das Glück, ihren Lebensgefährten noch immer zur Seite zu haben, Sohn und Tochter bekleideten geachtete Stellungen, alle Enkelkinder waren wohlgeraten und berechtigten zu den schönsten Hoffnungen. Darüber hinaus hatte sie Freunde in der ganzen Welt, und mit Iwan und Michail verband sie eine innige Lebensfreundschaft. Wie kam es also, daß da doch in ihren Worten ein Rest von Bitterkeit mitschwang?

»Ich bin nicht deine VdN-Kameradin«, hatte sie zu Anfang zu mir gesagt. »Bin nicht anerkannt.« Nein, es gehe ihr nicht um bestimmte Vorteile, die brauche sie nicht. Aber den Beweis hätte sie gern, daß man sie ernst nimmt, daß man sie nicht für eine Phantastin hält, sondern für eine Frau, die stets als Kommunistin gehandelt hat, selbst zu einer Zeit, als es den Kopf kosten konnte, sich dazu zu bekennen. Bedurfte es dazu noch eines besonderen Beweises?

* * *

Nach Berlin zurückgekehrt, beeilte ich mich damals, an verschiedene Instanzen zu schreiben, um Hellas Anerkennung zu bewirken, auf die sie ein Anrecht hatte. Zunächst wandte ich mich an das »Komitee der Widerstandskämpfer«, das aber meinen Brief »zwecks Erledigung« an die »Gesellschaft für deutsch-sowjetische Freundschaft« weitergab. Von dort hörte ich (was ich längst wußte), daß Hella Manigk bereits die Goldene Ehrennadel erhalten habe. Eine höhere Auszeichnung hätte man nicht zu verleihen. – Ich habe nicht gewagt, an Hella diese Nachricht weiterzugeben. Ohnehin weiß ich, daß ihr meine Aktivitäten mißfallen haben. »Laß doch die alten Geschichten«, sagte sie oft, »ich will meine Ruhe haben. Kannst du das nicht verstehen?«

Nein. Es gibt Dinge, die niemals verjähren dürften. An die

man sich erinnern müßte, auch wenn sie noch so lange zurückliegen. Die Geschichte dieser Frau, die in einer barbarischen Zeit ihre schlichte Menschlichkeit bewahrt und unter Lebensgefahr zwei fremde Leben gerettet hat, gehört dazu.

In den folgenden Jahren hatte mich Hella einmal in Berlin besucht, und ich hatte mich im Sommer darauf für zwei Tage bei ihr einquartiert. Dann war die Verbindung zwischen uns für längere Zeit abgebrochen. Doch als ich nach der Wende wieder einmal an der Küste war, konnte ich der Versuchung nicht widerstehen, auf der Rückfahrt einen Umweg über Ückeritz zu machen, um Hella wiederzusehen. Ich fuhr mit dem Auto dicht an ihr Grundstück heran. Hella hatte mich offensichtlich kommen hören, einen Augenblick tauchte ihr Kopf hinter der Gardine auf, und mir schien, als habe sie mich erkannt. Rasch stieg ich aus. Doch bevor ich mich der Gartenpforte nähern konnte, kam sie selbst auf mich zu. Ich erschrak bei ihrem Anblick. In der zum Skelett abgemagerten Gestalt, die mit beiden Händen an der Mauer entlangtastend auf mich zuwankte, konnte ich nur mit Mühe die frühere Hella erkennen. Schon von weitem wehrte sie mich heftig ab: Sie könne mich heute nicht empfangen. Gerade sei der Arzt bei ihr, sie bekäme Spritzen. Auch ihr Mann ... Inzwischen war sie bis zum Auto herangekommen. »Dein Mann ist zu Hause?« fragte ich überrascht. »Heute – mitten in der Woche?« Hella quälte sich zu einem Lächeln. »Abgewickelt«, sagte sie nur. »Ja, er war der erste der Professoren ... Aber unsere Kinder haben Arbeit«, fügte sie hastig hinzu. »Das willst du doch wahrscheinlich wissen. Es geht ihnen gut.« – »Und dir, Hella?« fragte ich eindringlich. »Wie kommst du zurecht mit der neuen Zeit?« Diese mir wichtigste Frage sollte sie noch beantworten, bevor sie wieder ins Haus verschwand, wohin sie immer wieder unruhige Blicke warf. Aber jetzt blieb sie stehen und sah mich lange an mit Augen, die tief verschattet waren – und plötzlich verstand ich alles. Sie brauchte nichts zu sagen, ich begriff es auch so: Sie war bis ins Innerste zerstört. »Wir leben noch, wie du siehst«, flüsterte sie, bevor sie sich von mir löste und in ihr Haus zurückschlich.

Ja, damals lebte sie noch, vor einem Jahr. Die Leidensfähigkeit eines Menschen ist fast unerschöpflich, solange er ein Ideal vor Augen hat, nach dem er strebt; die Kommunisten in Stalins Straflagern haben dies zur Genüge bewiesen. Worauf konnte Hella noch hoffen? Die Nachrichten aus dem Land, dem sie sich zeitlebens verbunden fühlte, berichteten täglich davon, wie sich die Völker des ehemaligen sozialistischen Staatenbundes gegenseitig bekämpften. Angehörige der russischen Mafia, die ihr Geld auf unredliche Weise erworben haben, bewohnen die teuersten Hotels an der Côte d'Azur und schlemmen in den Spielkasinos bei Kaviar und Sekt, während die Arbeiter in ihrer Heimat zusammen mit den Rentnern auf die Straße gehen, weil sie seit Monaten keinen Lohn und keine Rente mehr erhalten haben. Obdachlose durchwühlen wie die Ratten die Abfalltonnen, um irgend etwas Genießbares für sich herauszuklauben.

Einmal überwand ich mich und wählte Hellas alte Nummer. Ihr Mann sollte mir Näheres über ihren Tod berichten. Hatte sie lange leiden müssen? Sie war so mager geworden ... Der Professor zögerte mit der Antwort, als ob er erst lange überlegen müsse. »Sie war organisch gesund«, sagte er endlich, »aber sie war seelisch am Ende. Sie hatte sich aufgegeben.«

Es war genau das, was ich erwartet hatte.

Bei nächster Gelegenheit werde ich wieder über Ückeritz fahren und auf dem Friedhof Hellas Grab aufsuchen. Ich will ihr einen bunten Frühlingsstrauß bringen. Veilchen und Krokusse, vielleicht Narzissen. Die hatte sie immer am liebsten von allen.

1996

Achtzehn Jahre im Straflager

Anni Sauer (1906 bis 1989)

Es mag Mitte der siebziger Jahre gewesen sein, als bei meiner Enkelin, die oft bei mir war, eine leichte Skoliose festgestellt wurde. Der Arzt verordnete orthopädisches Schwimmen und regelmäßiges Turnen mehrmals in der Woche. Eine Bekannte, der ich von meinen Sorgen erzählte, sagte spontan: »Dann geh doch mit ihr zu unserer Anni, sie ist Musikpädagogin und leitet eine Kindergruppe. Wohnt ihr nicht in der Nähe der Oleg-Koschewoi-Schule? Dort in der Turnhalle üben die Kinder. Also geht hin!« – Auf diese Weise lernte ich Anni Sauer kennen.

Anni war damals um die Siebzig, wirkte aber sehr jugendlich, wenn sie vor ihrer Gruppe stand und den Takt angab, wobei ihr ganzer zierlicher Körper zu vibrieren schien. Sie übte an jenem Tag mit den Allerkleinsten, die Jüngsten waren noch nicht einmal drei Jahre alt. Die Kinder sollten Purzelbäume schießen, mußten laufen, springen, langsam gehen, ja, sogar wie der Storch »schreiten«, danach wie ein Frosch hüpfen, wobei sie sich hinhockten und mit winzigen Sprüngen vorwärts robbten; dann reckten sie sich wieder auf und begannen zu rennen – und alle Bewegungen vollführten sie rhythmisch, im Takt der Musik, die der Pianist der Gruppe eigens für die Kinder komponiert hatte. Auf diese »Bewegungsübung« folgte die »Musikerziehung«. Schon den Kleinsten gab Anni ein Instrument in die Hand: Musikpfeifen aus Bulgarien, Rasseln aus Kuba, Kastagnetten, Trommeln, Triangel und anderes, das die Eltern der Kinder von ihren Reisen mitgebracht hatten, denn Geld für Anschaffung von Instrumenten hatte die Gruppe nicht. Zuerst hatten sie nicht einmal einen Raum, nachdem die Sporthalle in der Karl-Marx-Allee, wo Anni früher gewirkt hatte – in den fünfziger Jahren hatte sie dort für die Frauen des DFD(Demokratischer Frauenbund Deutschlands)-Gymnastikkurse abgehalten –, aus irgendwelchen Gründen nicht mehr zur Verfügung stand. Doch glücklicherweise interessierte sich die Direktorin der Oleg-Koschewoi-Schule für Annis Vorhaben und erlaubte ihr, mit den Kindern in die Turnhalle zu gehen. Mit sieben Kindern hatte Anni hier angefangen. Doch rasch wuchs die Zahl an, und inzwischen hatten die Gruppen, die bereits hundertfünfzig Teilnehmer zählten, schon in mehrere Riegen aufgeteilt werden müssen. Anni widmete sich allen, den Zwölfjährigen wie den Kleinsten, mit gleicher Hingabe, mit dem gleichen Elan. Sie wollte die musische Erziehung der Kinder fördern, die zu ihrem Leidwesen in den Schulen vernachlässigt wurde. Und ganz nebenbei erzog sie »ihre« Kinder zu Internationalisten, indem sie mit ihnen die Lieder anderer Völker sang. Ihre ausländischen Schützlinge, die beiden Mädchen aus Chile, den kubanischen und den afrikanischen Jungen, die damals zu der Gruppe gehörten und die durch ihre fremdartige Erscheinung einen seltsamen Glanz in das Ensemble brachten, umgab sie mit besonderer Fürsorge.

Ich weiß nicht mehr, wann ich zum erstenmal daran dachte, über Anni Sauer zu schreiben. War es, als ihr von der Liga für Völkerfreundschaft die Pablo-Neruda-Medaille übergeben wurde? Oder schon nach der Verleihung des Titels »Hervorragendes Volkskunst-Kollektiv« an die ganze Gruppe? Anni und ihr musikalischer Leiter hatten lange auf diese Anerkennung warten müssen. Immer noch blühten sie sozusagen im Verborgenen. Und erst als die Gruppe auf einer Solidaritätsveranstaltung für Vietnam mit einer sowjetischen Polka glänzte, wurde auch das »Haus der jungen Talente« auf sie aufmerksam. Nun endlich öffnete man Anni das Haus, stellte ihren Kindergruppen einen Übungsraum zur Verfügung und gab ihr vor allem auch die Mittel, um weitere Instrumente und dringend benötigtes Material einzukaufen. Bald häuften sich die Bitten um Teilnahme der Kinder an Solidaritätsveranstaltungen derart, daß Anni schon bremsen mußte. Die Kinder sollten ja nicht überfordert werden! Dennoch konnten durch ihre Mitwirkung schon in den ersten zwei Jahren 10.000 Mark in den Solidaritätsfonds eingezahlt werden. Auch die Kinder erhalten für jeden Auftritt eine kleine Vergünstigung. Und sie bekommen Geld, um ihre großen Ferien auszugestalten, die sie zum größten Teil zum Üben verwenden. Denn das Programm, das sie bieten, ist anspruchsvoll. Sie singen Volkslieder aus vielen europäischen Ländern, in zwölf verschiedenen Sprachen! Sie singen auf Spanisch das ergreifende chilenische Liebeslied »Ojos negros«, und sie singen Lieder aus Afrika, ja sogar aus Japan. Die Tanzgruppe bietet bulgarische und ungarische Tänze oder einen, den sie einfach nur »Rhythmus« nennen, und bei dem sie sich völlig ungezwungen nach der Musik bewegen.

Aber warum hat Anni, die jetzt so erfolgreiche Tanzpädagogin, erst Ende der fünfziger Jahre mit ihrer Arbeit begonnen? fragte ich mich. Und warum hat diese Frau, die ihre letzten drei Jahrzehnte, die ich überschauen konnte, mit großer Liebe fremden Kindern widmete, keine eigenen Kinder? Sie hat keine Angehörigen, soviel wußte ich. Sie lebt allein in ihrer Zwei-Zimmer-Wohnung nahe der Karl-Marx-Allee. Zwar hat sie Freunde im Ausland. Die Sommerferien verbringt sie, wie sie mir erzählt, meist in Bulgarien, gleichfalls bei Freunden. Und eine besonders enge Verbindung hat sie zur Sowjetunion, in die sie nach 1933 emigrieren mußte. Einmal hörte ich gerüchteweise, Anni hätte viele Jahre in einem sowjetischen Lager verbracht, in Kasachstan; auch sie sei ein Opfer des Stalinismus gewesen. Sie selbst hat nie ein Wort darüber verlauten lassen. Aber ihre Augen leuchten auf, sowie die Rede auf Moskau kommt. Noch heute, gerade heute, betont sie, würde sie dorthin übersiedeln – wenn sie nur jünger wäre. Doch in ihrem Alter bleibe man lieber an Ort und Stelle. Und sie lebe ja nun schon seit über dreißig Jahren in der DDR. »Und bist noch immer nicht heimisch geworden?« frage ich betroffen. »Haben wir dir das Wiedereingewöhnen so schwer gemacht?« – Sie bedenkt mich mit einem langen, leicht spöttischen Blick. Ob ich denn annehme, es sei leicht gewesen, immer schweigen zu müssen? fragt sie dagegen. Und sie fügt hinzu: »Wir Betroffenen sind doch Menschen ohne Vergangenheit. In meinem Fragebogen heißt es lakonisch: Ab 1935 bis 1956 in der Sowjetunion. Danach Rückkehr in die DDR. Alles, was dazwischen liegt, meine achtzehn schweren Jahre im Lager und danach die in der Verbannung, habe ich aus dem Fragebogen streichen müssen. Darüber hätte ich den Mund zu halten, ließ man mich wissen. Wie lange? Neuerdings rechnet die Sowjetunion selber mit ihrer stalinistischen Vergangenheit ab. Also dürfen auch wir endlich reden? Ich weiß es nicht.«

Ich frage Anni, ob sie ihre Erinnerungen vielleicht eines Tages aufschreiben werde? Aber sie verneint. Ihre Hände seien schon zu alt und zittrig, um die Feder zu halten oder auf der Maschine zu tippen. Aber wenn ich zuhören wolle? Sie sei bereit zu erzählen: ohne Übertreibung, ohne Beschönigung, nach bestem Gewissen, so wie es in Wirklichkeit gewesen sei. – Und ich höre ihr zu.

* * *

»*N*ach meiner Ausbildung in Tanz und Pädagogik, Ende der zwanziger Jahre, wohnte ich vorübergehend in Düsseldorf; dort bin ich 1931 in die Kommunistische Partei eingetreten. Ich fing dann gleich an, mit Kindern zu arbeiten. Das waren Arbeiterkinder, die sich die meiste Zeit selbst überlassen waren. Die Mütter gingen arbeiten, während die Väter arbeitslos waren oder im Gefängnis saßen. Daher mußten auch die Kinder schon Geld verdienen, sie trugen Zeitungen aus. Als ich meine Kindergruppe zusammen hatte, sind wir häufig bei Parteiveranstaltungen aufgetreten. In dieser Zeit lernte ich auch meinen Mann kennen oder, wie man damals sagte, meinen Freund, denn zur Heirat ist es nie gekommen, weil uns das Schicksal auseinandergebracht hat. Mein Freund arbeitete in einem literarisch-politischen Kabarett, das von den Nazis 1933 verboten wurde und das sich dann mit einigen anderen emigrierten Schauspielern im ›Palais Royal‹ in Paris etablierte. Mein Mann ging also nach Paris, und ich folgte ihm – als Jüdin konnte ich sowieso in Berlin nichts werden. Ich stellte auch in Paris gleich wieder eine Kindergruppe zusammen. Wir tanzten und sangen nach Art der Agitprop-Gruppen. Die standen damals nicht wie die Leute heute vor dem Mikrophon, sondern haben sich frei auf der Bühne bewegt und ihre Sachen gestaltet. Wir zeigten tänzerische Gymnastik, Bewegungstänze, zu denen wir unsere Lieder sangen. Um Geld zu verdienen, habe ich abends, bis tief in die Nacht hinein, auf den Boulevards kommunistische Zeitungen verkauft. Da gab es nette Leute, Sympathisierende, die eine Zeitung kauften und sie mir auf ihrem Rückweg wiedergaben, so daß ich sie noch einmal verkaufen konnte. Eines Nachts aber wurde ich beim Verkauf der ›Arbeiter-Illustrierten-Zeitung‹ (AIZ), die ein Foto enthielt, das angeblich gegen Frankreich gerichtet war, verhaftet. Ich kam aufs Polizeipräsidium, verbrachte dort eine Nacht und wurde am nächsten Morgen vernommen. Danach ließ man mich zwar wieder frei, aber ich wurde aus Frankreich ausgewiesen. Zuerst hieß es, ich müsse sofort das Land verlassen, aber nach Fürsprache eines Freundes, der über gute Beziehungen verfügte, wurde der Ausweisungsbefehl um ein Jahr hinausgeschoben. Dann aber erhob sich die Frage: Wo sollte ich hin? Die Schweiz, wo ich Freunde hatte, nahm mich nicht auf, weil ich Kommunistin war. Aber ich hatte einen Bruder in der UdSSR, er arbeitete am Marx-Engels-Institut in Moskau, und er setzte sich dafür ein, daß ich ebenfalls einreisen konnte. Überglücklich fuhr ich ab. Mein Freund, der ja nicht ausgewiesen war, wollte zunächst noch in Paris bleiben, aber so schnell wie möglich nachkommen.

Wir trennten uns 1935. Keiner von uns ahnte, daß es eine Trennung für immer war.

Von dem dürftigen Leben in Paris war ich recht mitgenommen, so daß ich mich in Moskau zunächst in ärztliche Behandlung und in eine ›Ernährungsklinik‹ begeben mußte. Als ich mich einigermaßen gekräftigt hatte, ging ich ins ›Zentralinstitut für Kultur‹, das hieß damals ›Stalin‹, und bat darum, mich irgendwo einzusetzen. Bekanntlich fand 1936 in Berlin die Olympiade statt, an der die Sowjetunion nicht teilnahm, aber man bereitete eine Art Gegen-Olympiade in Moskau vor. Ein Fest der Kultur war geplant, eine Großveranstaltung auf dem Roten Platz, und für diese Gelegenheit sollte ich mit 400 Kindern eine große Bewegungsschau einstudieren. Wir wurden, da gerade Ferien waren, zu einem großen Park gefahren, und dort probten wir von morgens bis in den späten Nachmittag. Die Aufführung war ein großer Erfolg. Man hat uns sogar gefilmt, und nach den Festtagen wurde ich im Institut fest angestellt. Ich erhielt auch den Auftrag, ein Buch über Gymnastik und Tanz, also über den modernen Tanz, zu schreiben. Alles war gut und perfekt, ich war natürlich sehr glücklich, zumal man mir auch versprach, mich im nächsten Sommer ins Pionierlager nach Artek zu schicken, wo ich mit den Kindern arbeiten sollte. Doch daraus wurde nichts mehr. 1937 wurde ich eines Tages überraschend ins Ministerium für Inneres gerufen, wo man mir eröffnete, daß Ausländer nach Artek nicht mehr reisen dürften. Eine nähere Begründung gab man mir nicht. Ich war wie vor den Kopf geschlagen, ahnte aber nicht, daß das erst der Anfang war.

Es folgte eine unsichere Zeit. Plötzlich wurde unser ›Klub ausländischer Arbeiter‹, in dem auch Dimitroff und Wilhelm Pieck verkehrten, geschlossen, und keiner wußte warum. Auch die Mitglieder der ›Kolonne Links‹, eine Gruppe, die schon 1932 in Deutschland nicht mehr hatte auftreten dürfen und die auf weiten Umwegen, über China, in die Sowjetunion gekommen war, wurden verhaftet. Ebenso Béla Kun von der Komintern und mit ihm viele ungarische Emigranten. Wieder etwas später wurden viele polnische Genossen verhaftet, und schließlich hörte man von verschiedenen deutschen Antifaschisten, die verschwunden seien. Nach und nach wurden alle ausländischen Emigranten, also die Tschechen, Bulgaren und Jugoslawen und selbst Spanienkämpfer, die aus Spanien entkommen waren und in der Sowjetunion Zuflucht suchten, vom NKWD abgeholt. Unter den Russen waren es vor allem die führenden Militärs und die Intellektuellen, die unter der Anklage des Trotzkismus oder der Spionage verhaftet wurden. Viele, wie zum Beispiel Bucharin, der Chefredakteur der ›Prawda‹ und ein guter Freund Lenins, wurden erschossen. Es gab für ihn und viele seinesgleichen kein normales Gericht; sie durften sich nicht verteidigen, bekamen auch keinen Antwalt zugebilligt. Der Staatsanwalt hieß Wyschinski. Sie wurden verurteilt -- und erschossen! Wo sie geblieben sind, weiß kein Mensch, es gibt von ihnen keine Begräbnisstätte.

Mich brachte man in das Gefängnis, in dem früher die Bolschewiki gesessen hatten. Es war das Gefängnis für die Politischen, die Kriminellen kamen woanders hin. Einer von der Wache erzählte uns, daß das Gefängnis bereits 25.000 Insassen hätte. Es sei absolut kein Platz mehr darin, sagte er, und man müsse schon auf andere Gefängnisse ausweichen. Mein Bruder zum Beispiel kam woanders hin. Ich blieb vier Monate in dem Gefängnis. Wir wurden nicht zur Vernehmung geholt, kamen nicht vors Gericht – eines Tages erhielten wir nur einen Zettel, auf dem stand, daß wir wegen §56, Abs. 6 (das ist Spionage) ins Lager überführt würden. Ich hatte acht Jahre bekommen. Ich mußte nur unterschreiben, daß ich den Zettel gelesen hatte, das war alles.

Am nächsten Tag wurden wir in ein Zimmer geführt, wo alle versammelt wurden, auch die Frauen und Kinder der Militärs, die man bereits erschossen hatte. Ein fünfzehnjähriges Mädchen war darunter, das man auf dem Heimweg von der Schule, so wie es war, im Trainingsanzug, aufgegriffen und hierhergebracht hatte. Auch wir durften keine Sachen mitnehmen. Es hieß immer, es ginge nur zum Verhör, wir kämen bald wieder nach Hause. Wir bekamen kein Kissen, keine Decke – gar nichts. Das Zimmer war überfüllt. Wir schliefen auf Holzbrettern, aber man konnte nur liegen Kopf an Fuß, so eng war es. Die Frauen und Kinder der Militärs mußten sogar auf dem Boden schlafen, auf den kalten Fliesen. Die Holzbretter lagen rings an den Wänden, und in der Mitte befand sich ein Bottich, wo man tagsüber seine Notdurft verrichten mußte; auf die Toilette zu gehen war nicht erlaubt. Man konnte sich nur einmal morgens oberflächlich waschen, und das Wasser nutzte man dann auch für anderes.

In der Frühe wurden wir zum Abtransport aufgerufen und kamen in ein anderes Zimmer. Hier konnten wir überhaupt nicht mehr liegen, sondern mußten die ganze Zeit stehen. Das einzig Gute hier war, daß die Wände über und über mit Namen bekritzelt waren, die wir eifrig studierten, um vielleicht Bekannte darunter zu finden. Wir wurden auf verschiedene Lager verteilt, keiner wußte aber, wohin er kam, es wurde auch nichts gesagt. Eine junge Polin, die verzweifelt ihre Unschuld beteuerte, sich auch beschwerte, weil sie nicht vor Gericht gestellt worden war, machte man kurzerhand mit einer Spritze gefügig. Das war die übliche Praxis. Auch bei den Vernehmungen wurden die Häftlinge mit einer Spritze versehen – danach unterschrieben sie, was man von ihnen verlangte. Wenn sie später bei der Verhandlung wieder klar waren und widerrufen wollten, verbot man ihnen zu reden und hielt ihnen die frühere Aussage vor, die ihre angebliche Schuld bewies.

Wir Häftlinge wurden mit dem ›Schwarzen Raben‹, wie der Gefängniswagen auf russisch heißt, nach außerhalb von Moskau gefahren, wo schon ein langer Zug auf uns wartete. Uns Frauen, etwa 165 an der Zahl, steckte man in einen Viehwaggon, wir fuhren und fuhren, und als wir nach langer Zeit ausstiegen, waren wir ringsum von lauter Männern umgeben, die, damit man sie besser abzählen konnte, im mannshohen Schnee knien mußten. Wären sie aufrecht stehengeblieben, hätte man leicht die kleinen übersehen können. Es herrschte eine bittere Kälte – vierzig Grad minus! Die Männer waren mit Jacken und Filzstiefeln ausgestattet, aber wir Frauen trugen nur das, was wir bei der Verhaftung auf dem Leibe hatten, also ganz leichtes Zeug. Ich hatte an den Füßen nur meine Sommersandalen und um den Körper eine alte abgelegte Wattejacke, das einzige Kleidungsstück, mit dem man uns versehen hatte. Zum Glück war der Aufseher vernünftig, als er uns sah, und verzichtete darauf, uns abzuzählen. Er fürchtete wohl, daß wir hier draußen in unseren dünnen Sachen erfrieren würden. Wir durften also gleich wieder zurück in einen Viehwaggon. Diesmal war es darin so eng, daß wir uns zum Schlafen immer abwechseln mußten; eine Gruppe schlief am Tage und die andere nachts. Zu essen bekamen wir nur ein Stück Brot und einen Hering – den wir aber ablehnten, weil wir nichts zu trinken hatten. Wir verfügten alle zusammen nur über sechzehn Trinkschalen. Immer wenn der Zug hielt – das geschah mehrmals auf freiem Feld –, durften wir aussteigen. Aber nur die Jüngeren unter uns trauten sich, von dem hohen Waggon herabzuspringen, die Älteren blieben drin. Wir Jüngeren beeilten uns nun, die wenigen Trinkschalen mit Schnee zu füllen, den wir später auf dem kleinen eisernen Ofen im Waggon auftauen ließen. Aber es gelang uns nie, ein wirklich warmes Getränk zu erhalten, weil immer viel zu viele auf etwas Trinkbares warteten und das Gefäß vorzeitig an sich rissen. Die Fahrt dauerte etwa drei Wochen. In Swerdlowsk wurden wir abgehängt, während die fünftausend Männer weiter nach Sibirien fuhren, wo sie im Schacht arbeiten sollten oder auch im Wald Bäume fällen. Unser Frauen-Waggon wurde an einen Zug angehängt, der nach Kasachstan fuhr. Einmal noch mußten wir unterwegs umsteigen und kamen in einen Waggon, in dem auch Kriminelle waren, die natürlich schon die besten Plätze um den Ofen mit Beschlag belegt hatten. Wir Neuankömmlinge standen an die Wand gepreßt und bibberten vor Kälte. Aber wir waren ja die ›Verräter des Volkes‹, also schlimmer als Kriminelle.

In Kasachstan war es bitterkalt, und da wir bis zum Lager noch eine weite Strecke zu laufen hatten, rannten wir Jüngeren immer voraus, um uns in unseren dünnen Fähnchen etwas warmzulaufen. Doch sofort brüllte uns der Aufseher an: Wir sollten stehenbleiben, sonst würde er schießen. Wir sind aber trotzdem vorausgelaufen, wir konnten nicht anders, es war so bitterkalt, und uns war schon alles egal; aber er hat nicht geschossen. Und auch der Wachhabende im Lager war wieder ein vernünftiger Mensch und hatte ein Einsehen: Als er sah, daß wir kaum etwas auf dem Leibe und an den Füßen hatten, ließ er uns passieren. Wie gesagt, die Temperatur betrug minus 40 Grad. Wir hatten einmal, das war 1943, sogar minus 63 Grad. Bei solch extremer Kälte konnten wir natürlich nicht arbeiten, weil wir sofort erfroren wären. Auch wenn wir uns in der Schüssel unser Essen holten und zu diesem Zweck kurz hinausgingen, durften wir bei der Rückkehr die Klinke nicht mit der bloßen Hand berühren; die Haut wäre sofort daran haften geblieben. – Aber ich will zunächst erzählen, wie es weiterging.

Unser Zentrum in Kasachstan war Karaganda. Von hier aus wurden die Gefangenen auf die verschiedenen Lager verteilt. Doch nun stellte es sich heraus, daß man auf so viele Häftlinge gar nicht vorbereitet war. Uns brachte man daher in ein Lager, das noch 750 Kilometer von Karaganda entfernt war, dort war die sogenannte Hungersteppe, die trostloseste Einöde, die man sich vorstellen kann. Dort gab es keinen Baum, keinen Strauch, keinen Vogel, keinen Schmetterling und, was das Schlimmste war, nicht einmal Wasser! In der einzigen vorhandenen Baracke hatten bisher Kriminelle gewohnt, die aber weitergeschickt worden waren. Weil sie für uns alle nicht ausreichte, mußten wir zuerst einmal weitere Baracken bauen; dazu fertigten wir uns Ziegelsteine aus Erde an. Und dann mußten wir vor allem einen Brunnen graben! Das Graben in der Steppe, wo es niemals regnet, ist eine schwere Arbeit, weil die Erde knochenhart und trocken ist. Aber ganz allmählich entstand doch ein schmaler Schacht. Da ich die Kleinste und Schmalste von allen war, haben mich die anderen an einer

Strippe hinuntergelassen und nach einer Weile, wenn ich unten genügend Erde ausgeschöpft hatte, wie einen Eimer wieder hochgezogen. Aber wir mußten bis zu dreißig Meter graben, bis endlich Wasser kam.

Im März waren wir im Lager angekommen. Alles war tief verschneit, und damit die Maschinen überhaupt durchkommen konnten, mußten wir den Schnee mit den Füßen feststampfen. Inzwischen hatte man uns etwas warme Kleidung gegeben: Wattejacken, Wattehosen und Wattestiefel, alles allerdings stark abgetragen. Auch auf dem Kopf hatten wir Watte, die aber nicht wärmt wie etwa Wolle. Man mußte sich also bewegen, ob man wollte oder nicht, sonst wäre man erfroren. Viele sind dennoch in der ersten Zeit gestorben, sind erfroren oder langsam verhungert. An Hunger starben alle, die die Norm nicht erfüllten, und die daher nur die kleinsten Rationen bekamen. Im allgemeinen erhielten wir drei Mahlzeiten: morgens gab es einen dünnen Brei, die sogenannte Kascha, und mittags eine Suppe, in der, wenn man Glück hatte, ein paar Kohlblätter schwammen. Aber auch sie bekam man nur, wenn man die Norm erfüllt hatte. Wer sie nicht schaffte, erhielt auch kein Abendbrot, das wiederum aus einem dünnen Brei bestand. Die Brotzuteilung schwankte zwischen 600 und 200 Gramm. Letztere Ration erhielten wieder nur die Schlechtarbeiter, also hauptsächlich Professoren, Wissenschaftler und Ärzte, die ebenfalls im Lager lebten. Die Intelligenzler taten uns am meisten leid. Ihnen fiel es am schwersten, sich umzustellen. Sie hatten nie körperlich gearbeitet und waren sehr ungeschickt. Sie waren auch psychisch am Ende. Ständig diskutierten sie, warum, wieso und weshalb, aber sie änderten ja dadurch nichts, sondern machten alles nur noch schlimmer. Wir Frauen waren realistischer. Unter uns gab es nur sehr wenige, die sterben wollten. Auch ich lag ein paarmal schwer danieder, aber ich habe mich immer wieder aufgerafft, weil ich den festen Willen hatte durchzukommen. Auch die anderen wollten unbedingt überleben.

Mit den Toten machten wir nicht viel her. Im Winter wurden

sie in eine Baracke gebracht und übereinandergeschichtet, wo sie rasch zu Gerippen gefroren. Waren genügend Skelette beisammen, so wurden sie auf Schlitten geladen und, wie so Stücke Holz, in die Grube gekippt, die wir schon im Sommer zwei Meter tief hatten graben müssen. Wenn die Grube voll war, kamen nachts die Wölfe und Schakale und holten die Gerippe, an denen noch etwas Fleisch war, wieder heraus. Im ersten Jahr hatten wir noch Einzelgräber gegraben, aber als wir sahen, daß so viele starben, ging das nicht mehr, und wir warfen alle ins Massengrab. Ich verstehe bis heute nicht, daß man in der Steppe noch nicht die Massengräber gefunden hat, die bis oben hin mit Leichen angefüllt sind. War die Grube voll, so schippten wir sie zu und hoben eine neue Grube aus. Zum Graben hatten wir nur Schaufeln – oder sogar nur die Hände.

Erst nachdem die neuen Baracken fertiggestellt waren, hatte jede von uns einen Platz zum Schlafen. In der Mitte des Raums stand ein Ofen, den wir ebenfalls aus Ziegelsteinen gebaut hatten. Darüber hingen ständig unsere Fußlappen und die Wattehandschuhe zum Trocknen. Zum Heizen hatten wir nur Steppengras, das im Mai gemäht und aufgehäuft und im Winter von einem Ochsenschlitten hereingebracht wurde. Der Schlitten fuhr auf den Barackenhof, und dann durften je vier von uns davon nehmen, soviel sie tragen konnten. Klar, daß wir immer die aussuchten, die die längsten Arme hatten. Das Heu haben wir dann büschelweise in den Ofen geschoben, das reichte knapp für zwei Stunden. Wir haben uns auch Beutel genäht und sie mit Heu vollgestopft, so daß wir Kopfkissen hatten. Zum Zudecken hatten wir nichts, so daß wir uns auch nie zum Schlafen ausziehen konnten. Richtig waschen konnte man sich auch nicht, allenfalls ein bißchen das Gesicht und die Hände besprengen; wir hatten weder Seife noch ein Handtuch zum Abtrocknen. Die ganze Zeit über habe ich kein Handtuch zu sehen bekommen. Alle zehn Tage etwa holte man uns in die ›Banja‹; dort stand ein Kübel mit heißem Wasser, damit mußten wir uns die Haare waschen, den Körper und die Wäsche, die man am Leibe trug. Um trocken zu werden, mußte man sich bewegen, umhertanzen, was mir nicht so schwerfiel, aber den alten Leuten ... Neben mir lag eine Polin, Kommunistin, die weinte oft bitterlich. Mein ganzes Leben lang, sagte sie, bin ich Kommunistin gewesen, und jetzt sitze ich hier im Lager, weil ich angeblich eine Spionin bin! Immer habe ich ehrlich für die Partei gekämpft, siebzig Jahre lang, wiederholte sie, und jetzt ... Sie war oft sehr verzweifelt, und sie starb auch bald.

Überhaupt haben die wenigsten Häftlinge das Lager überlebt, vielleicht fünfundzwanzig Prozent. Das Leben war zu hart. Wir hatten ja keine Maschinen, nur Ochsen, mit denen sollten wir das Land urbar machen. Das Ganze war ein riesiges Experiment; man wollte sehen, ob aus der Steppe etwas zu machen sei. Wir pflügten also mit Ochsen, aber in der harten Erde ging der Pflug meist kaputt. Im Sommer dagegen war es so heiß – 40 bis 50 Grad plus –, daß es wieder kaum erträglich war, manchen Leuten konnte man die Haut wie ein Fell abziehen. Medikamente waren nicht vorhanden. Es gab nur eine Ärztin, eine Wienerin, die mit einem Russen verheiratet war; sie war für uns Frauen zuständig und für deren Kinder, die in einem Sonderlager untergebracht waren und denen man nicht erlaubte, mit ihren Müttern zusammenzukommen. Die Zwölfjährigen mußten schon genauso hart arbeiten wie wir. Ich denke oft, bei uns war es schlimmer als in Sibirien. Dort gibt es eine Vegetation, bei uns war nichts als Dürre und Einöde. Sie hatten auch viele Alte in unser Lager gesteckt, weil die Steppe sowieso zu nichts nütze war. Wir sollten erst versuchen, etwas daraus zu machen, es war ein Experiment. Und, kaum zu glauben, wir schafften es! Wir haben den Boden kultiviert. Wie wir das machten?

Also zuerst haben wir die Erde beackert, das heißt den Boden mit dem Pflug gelockert. Dann kam der Winter und sehr viel Schnee. Der Schnee blieb aber nie liegen, sondern er wurde vom Sturm über die ganze Steppe geweht. Wir hatten schon oft daran gedacht, daß man den Schnee zum Bewässern der Steppe gut hätte ausnützen können, aber wir waren ja alle keine Spezialisten und wußten nicht, wie man das anstellen sollte. Aber eines Tages kam doch ein Spezialist zu uns. Es war der Schwager von Berija, dem engsten Mitarbeiter von Stalin, der im Ministerium für Melioration in Tiflis gearbeitet hatte. Dort wurde er verhaftet und bekam zehn Jahre. Seine Frau, also Berijas Schwester, war mit ihrem dreijährigen Kind zu ihrem Bruder gegangen, um sich zu beschweren, aber ohne Erfolg: Berija warf sie mit dem Kind hinaus. Auch der Verhaftete schrieb an seinen Schwager, erhielt aber nie eine Antwort. Für uns war der Fachmann ein wahres Geschenk. Er ging gleich zielbewußt daran, gemeinsam mit uns den Schnee zu ein bis zwei Meter hohen Wällen aufzutürmen, gegen die der nachfolgende Schnee dann gepreßt wurde und liegenblieb, selbst wenn Stürme kamen. Im Frühjahr mußten wir durch die Steppe flache Kanäle graben, in die der Schnee, wenn es taute, hineinfließen konnte. Später bauten wir auch Staubecken. Die Erde wurde gesprengt, hundert Meter tief, und wir klaubten von unten die Steine heraus. Immer hinunter die hundert Meter und hundert Meter wieder herauf, von morgens bis abends – eine Knochenarbeit! Als das Becken fertig war, wurde das Wasser aus den Gräben eingelassen. Das war eine Freude für uns, nun hatten wir endlich Wasser! Jeden Morgen durften wir uns jetzt zwei Eimer Wasser für die Baracke holen. Im Laufe der Zeit bauten wir noch ein zweites und ein drittes Staubecken, und dann konnten wir sogar schon Gemüse anbauen. Es gab Mohrrüben, Tomaten und sogar Melonen, aber natürlich nur für die Wachmannschaften, wir konnten uns höchstens was klauen. Immerhin war unser Dasein schon ein wenig leichter geworden. Wir hatten die Steppe urbar gemacht, und eines Tages fingen wir sogar mit der Viehzucht an. Wir hielten Schafe. Eine Zeitlang mußte ich 250 Schafe hüten, was auch nicht ganz einfach war. Man mußte höllisch aufpassen, daß sie nicht auseinanderliefen, denn sonst hieß es gleich, man betreibe ›Schädlingsarbeit‹, das wurde streng bestraft.

Nach Kriegsbeginn wurde alles wieder sehr schwer für uns.

Wir Politischen wurden streng isoliert, kamen hinter Stacheldraht, nur die Kriminellen liefen frei herum. Da es in unseren Baracken keine Toiletten gab, hatten wir draußen eine tiefe Kuhle gegraben, über die wir Stangen legten, auf die man sich hocken mußte. Doch die Älteren unter uns konnten sich schlecht darauf halten, sie verloren leicht die Balance und fielen in die Grube hinein. Sie weinten, wenn wir sie wieder herausholten, und schämten sich, obwohl sie doch gar keinen Grund dazu hatten. – Dann ging der Krieg zu Ende, und meine Strafzeit war ja eigentlich längst abgelaufen, aber eines Tages erhielten wir den Bescheid, daß unser Urteil in ›lebenslänglich‹ geändert worden sei! Nur für die Kriminellen gab es nach einiger Zeit eine Amnestie; sie kamen in ein Lager, in dem andere Bedingungen herrschten: Sie hatten jetzt besseres Essen und eine gute ärztliche Betreuung. Bloß an uns Politische hatte man nicht gedacht.

Die letzte Zeit im Lager waren wir mit den Kriminellen zusammen. Die hatten nur gehört, daß wir Spione seien und waren sehr frech zu uns. Erst allmählich kamen sie dahinter, was wir wirklich waren, nämlich überzeugte Kommunisten, aber das änderte an ihrer Haltung zu uns nichts. Ich, als eine der Jüngeren, mußte mit ihnen zusammenarbeiten. Ich sollte das Feld mit den Ochsen, die dauernd angetrieben werden mußten, beackern. Aber so sehr ich mich auch bemühte, ich konnte die Norm nicht schaffen. Die Ochsen gehorchten mir nicht, sie rührten sich nicht von der Stelle. Eine Zeitlang machte der Brigadier gute Miene zum bösen Spiel und schrieb für mich die volle Norm, obwohl ich nur ein Viertel geschafft hatte. Endlich verlor er die Geduld. ›Du weißt genau‹, brüllte er mich an, ›daß die Ochsen nur auf ganz bestimmte Schimpfwörter reagieren. Also lern die gefälligst!‹ – Was blieb mir anderes übrig? Ich lernte die Schimpfwörter von den Kriminellen und tatsächlich, jetzt reagierten die Ochsen, und ich schaffte die Norm.

Nach Stalins Tod wurden wir aus dem Straflager entlassen. Aber weil in der Steppe Arbeitskräfte gebraucht wurden, die man obendrein nicht entlohnen mußte, schickte man uns in die Verbannung – das war in gewisser Hinsicht noch schlimmer als das Lager, in dem wir uns, wie ich schon sagte, nach und nach eingewöhnt hatten und wo wir schon bestimmte Vorteile für uns zu nutzen verstanden.

Aber in der Verbannung waren wir ganz auf uns selbst gestellt, niemand kümmerte sich darum, wie und wovon wir lebten – wichtig war nur unsere Arbeitskraft. Wir mußten von früh bis spät arbeiten und erhielten als Entgelt 300 Gramm Getreide, das noch dazu erfroren war, denn der Frost war in jenem Jahr früh gekommen. Was macht man mit einer Handvoll Getreide? Wie kann man es für den Menschen genießbar machen? Wir wollten es mahlen, aber die Kasachen, die ihr gutes Getreide zwischen zwei Steinen mahlten, erlaubten uns nicht, auch unser schwarzes Getreide damit zu mahlen. Zu meinem Glück freundete ich mich mit einer Kasachin an. Sie war in einem russischen Waisenhaus aufgewachsen und als Halbwüchsige an einen fünfzigjährigen Kasachen verheiratet worden. Zu ihr ging ich nun jeden Morgen in aller Frühe und mahlte für sie das Getreide, und sie erlaubte mir, auch mein Getreide zu mahlen. Aus dem Mehl habe ich mir dann ohne weitere Zutaten, nur mit Wasser und Salz, eine Art Eierkuchen bereitet. Als Feuerstelle diente mir die Ofenplatte, einen Herd gab es nicht. Wenn die Pampe auf der einen Seite getrocknet war, drehte ich das Ganze auf die andere Seite und schlang dann alles hinunter. Man kann sich ja denken, daß das Zeug so gut wie keinen Nährwert hatte, es war gerade nur, daß man den Magen eine Weile besänftigen konnte, aber weiter auch nichts. Ich wurde dann bald sehr krank, mein ganzes Bein war offen, trotzdem habe ich mich weiter so hingeschleppt. Wieder mal hatte ich Glück im Unglück, da ich nicht mehr die schwerste Arbeit zu machen brauchte. Denn ein Russe, der das Vieh behandelte, wir hatten ja dort auch Kühe, schlug vor, daß ich für die Kasachen, die keine Schule besucht hatten und die nicht lesen und schreiben konnten, die Aufstellungen für die Milchwirtschaft machte. Nun saß ich zwar sozusagen an der Quelle, aber mogeln konnte ich auch da nicht, denn die Milch hätte ja den Melkerinnen an ihrer Norm gefehlt, das konnte man nicht machen. Die Melkerinnen selbst setzten sich einfach unter die Kuh und tranken sich satt, die hatten es da einfacher.

Jetzt, da meine Arbeit leichter war, konnte ich auch wieder an anderes denken und hatte Muße, meine Umgebung wahrzunehmen. Inzwischen waren die Wolgadeutschen, die man ausgesiedelt hatte, hier angekommen. Sie mußten gleichfalls hart arbeiten, und ihre Kinder, für die es keine Schulen gab, lungerten den ganzen Tag herum und wußten nicht, was sie beginnen sollten. Da habe ich abends die Kinder um mich versammelt, habe mit ihnen gespielt und ihnen auch etwas Rechnen und Schreiben beigebracht. Inzwischen aber hatte sich mein Bein so verschlimmert, daß mich der Sanitäter, das war der, der mit den Ochsen arbeitete, ins Dorf schickte, und von dort schickten sie mich sofort ins Bezirkskrankenhaus. Aber auch da wollte man mich nicht behandeln, sondern transportierte mich mit einem Lastwagen nach Karaganda in die Chirurgie. Dort mußte ich drei Monate liegen. Narkose gab es nicht, und so erlebte ich bei vollem Bewußtsein, wie mir der Arzt das Fleisch vom Knochen löste und wie er alles zuletzt vernähte – er meinte selbst, ich hätte mich sehr tapfer gehalten.

Ganz allmählich lernte ich wieder laufen, und ich hätte eigentlich wieder zurückfahren können, doch da fragte mich die Ärztin eines Tages, ob ich in der Kinderstation arbeiten wolle? Ich sollte Kindern, die an Scharlach erkrankt waren und isoliert werden mußten, täglich eine Spritze geben und sie auch sonst betreuen. Ich mußte bei ihnen im Zimmer schlafen, war ebenfalls isoliert, und natürlich bestand die Gefahr, daß ich Scharlach bekam. Doch glücklicherweise habe ich mich nicht angesteckt. Die Ärztin war so zufrieden mit mir, daß sie mein Bleiben bei ihrem Mann, der beim Sicherheitsdienst arbeitete, durchsetzen konnte. Da war ich also eine Zeitlang als Sanitäterin tätig. Zu meinem Tätigkeitsbereich gehörte auch die Apotheke, wo ich den Boden wischen und alle mögliche Drecksarbeit verrichten mußte. Dafür bekam ich aber eine Suppe extra, das war schon was wert. Außerdem beschäftigte ich mich in jeder freien Minute mit den beiden Kindern der Ärztin, die ja beruflich stark eingespannt war, so daß sich die Kinder viel selbst überlassen waren, denn Kindergärten gab es dort nicht.

Im Krankenhaus mußte ich den Patienten ebenfalls immer die Spritzen verpassen, auch den Männern, worum mich eine junge Schwester, die sich genierte, eigens gebeten hatte. Na, mir machte es nichts aus, diese Männer waren ja sowieso keine Männer mehr, die sind auch fast alle gestorben.

Eines Tages – das war schon unter Chruschtschow – hörten wir im Radio die Aufforderung an alle, die im Lager oder in der Verbannung waren, daß sie um ihre Rehabilitierung einkommen sollten. Natürlich taten wir das alle, aber nach kurzer Zeit kamen die Briefe wieder an uns zurück: Die Ämter konnten die vielen Eingaben gar nicht bewältigen, es waren ja an die zwanzig Millionen! Wieder verging eine lange Zeit, und dann hieß es, daß wir eine erneute Eingabe, diesmal an unsere örtliche Dienststelle, richten sollten. Und es hieß weiterhin, daß alle, die in der Freiheit Angehörige hatten, zurückfahren dürften. Ich hatte aber niemanden. Von meinem Bruder hatte ich lange nichts mehr gehört, erst später erfuhr ich, daß er erschossen worden war. Inzwischen waren in Moskau aber auch die Botschaften der einzelnen Länder tätig geworden. Sie hatten die ersten, die aus den Lagern gekommen waren, bei sich untergebracht, und die mußten alle, die sie im Lager gekannt hatten, namhaft machen und ebenfalls nachholen. Auf diese Weise waren viele Ungarn, Polen, Bulgaren und Jugoslawen schon zurückgekommen. Nur an uns Deutsche dachte niemand, uns wollte man am liebsten vergessen. Ich verdankte es dann der Frau und dem Sohn von Karl Liebknecht, daß ich nach Moskau gekommen bin. Dort mußte ich aber zunächst neun Monate lang in der Klinik bleiben. In diese Zeit fiel auch meine Rehabilitierung, die ich aber nicht selbst in Empfang nehmen konnte. Der Liebknecht-Sohn hat das für mich getan. Das war im Jahr 1957 – also zwanzig Jahre, nachdem man mich in Moskau verhaftet hatte. Ich übersiedelte dann in die DDR. In die Bundesrepublik zu gehen ist mir nie in den Sinn gekommen, dann hätte ich ja die Verbindung zu meinen sowjetischen Freunden verloren. Das wollte ich auf keinen Fall.

In Berlin führte mich mein erster Weg ins Zentralkomitee der SED. Der Genosse in der Kaderabteilung bat mich, einen Fragebogen auszufüllen, den er aber sofort, nachdem er ihn gelesen hatte, wieder zerriß. Ich hatte darin alles aufgeführt, was ich in den vergangenen Jahren erlebt und erlitten hatte. Aber das durfte nicht sein, und heute verstehe ich es ein wenig: Ich und auch andere, die jetzt zurückkamen, wir waren ja lebende Zeugen einer Barbarei, die unter Stalin um sich gegriffen hatte, und das paßte nicht zu der damals geltenden Losung, daß wir von der Sowjetunion lernen sollten. Ich durfte auch keine Arbeit annehmen, denn man wollte verhindern, daß ich mit anderen zusammenkam: Ich hatte nur zu schweigen. Mit dem Konsulat in Moskau war vereinbart worden, daß man mich hier erst mal zur Erholung in ein Sanatorium schickt, doch auch davon war keine Rede. Statt dessen sollte ich in irgendein entferntes Dorf übersiedeln. Doch da begehrte ich auf, drohte damit, daß ich sofort wieder nach Moskau zurückfahren würde, wo man mich besser verstand. Doch inzwischen hatte sich Maxim Vallentin, der mich von früher kannte, für mich eingesetzt, und ich kam endlich zu meinem Recht.

Die vielen Aufregungen hatten mich wieder sehr mitgenommen, und ich mußte erneut ins Krankenhaus. Fünf Monate lang lag ich in Buch. Und als ich von dort entlassen wurde, da fragte ich nicht mehr lange, ob ich arbeiten dürfe oder nicht. Ich handelte auf eigene Faust. Ich fing an, mit den Frauen vom Demokratischen Frauenbund Gymnastik zu machen, und später ging ich dazu über, auch mit den Kindern zu arbeiten, denn denen gehört nun mal meine ganze Liebe. Das war vor beinahe dreißig Jahren. Aber ich hatte es sehr schwer, mich durchzusetzen!«

* * *

Anni Sauer war im Januar 1989, als ich das Gespräch mit ihr führte, 83 Jahre alt. Trotz ihres hohen Alters ging sie noch immer mehrmals in der Woche ins »Haus der jungen Talente«, um mit ihren Kindern zu üben. Und wie gewohnt bereitete sie die Gruppen wieder darauf vor, auf einem Galaabend in einem der großen Säle der Hauptstadt ihr Können zu zeigen. Den Erlös eines solchen Abends überwies sie stets auf das Solidaritätskonto; sie selbst arbeitete nicht, um Geld zu verdienen. Sie hätte genug zum Leben, sagte sie mir. Ihre Arbeit würde jetzt überall anerkannt, sie sei sogar durch Medaillen geehrt worden. Aber kein noch so hoher Orden, meinte sie, könne ihr die achtzehn Jahre zurückgeben, die sie so lange aus ihrem Gedächtnis habe verdrängen müssen. Über die zu reden aber endlich die Zeit herangereift sei!

Im Sommer reiste Anni wieder, wie stets, nach Bulgarien. Dort hatte sie sich schon sehr schwach gefühlt, und nach ihrer Rückkehr begab sie sich sofort in ein Krankenhaus. Ich hatte ihr schon vor ihrer Reise den Text unseres Tonbandgespräches zugestellt, und wir sprachen telefonisch darüber. Sie war einverstanden mit der Veröffentlichung. »Wann wird das Buch erscheinen?« fragte sie mich. »Erst im nächsten Jahr? Kann man es nicht schneller drucken? Es ist nötig, daß die Menschen endlich von uns erfahren!« – Sie fragte mich auch nach Adressen von Leidensgefährten. Sie wollte ihre Namen nach Moskau weiterleiten, wo ein Mahnmal für die Opfer des Stalinismus errichtet werden soll.

Anni hat das Mahnmal, auf dem auch ihr Name steht, nicht mehr zu sehen bekommen. Sie starb Anfang Oktober 1989 im Krankenhaus Buch. Ihre Beisetzung fand auf dem Friedhof der Sozialisten in Berlin-Friedrichsfelde statt. Die Kinder im »Haus der jungen Talente« müssen seitdem ohne sie auskommen. Die

Leiter des Hauses betrauern den Verlust einer Genossin, »deren Lebensinhalt die musische Erziehung von Kindern und Jugendlichen und die Erziehung zu Völkerverbundenheit und internationaler Solidarität war«. Ihre jahrzehntelangen Erfahrungen und ihr reiches Wissen würden ihnen noch lange fehlen, hieß es in der Todesanzeige.

Wer Anni Sauer wirklich war, haben die meisten erst nach ihrem Tod erschüttert zur Kenntnis genommen.

1989

Sie glaubte an das Gute im Menschen

Die Jugendrichterin Lisbeth Samain (1899 bis 1983)

*I*ch lernte sie in den sechziger Jahren kennen. Eines Tages hatte ich sie beim Gericht in der Littenstraße aufgesucht, wo sie als Jugendrichterin tätig war, denn ich wollte ein Porträt über sie schreiben. Man hatte mir schon viel von dieser ungewöhnlichen Frau erzählt. Ihr Ruf als Richterin, sagte man, sei sogar schon bis nach China und nach Indien gedrungen. So soll ein indischer Professor, der einer ihrer Verhandlungen beigewohnt hatte, in der Pause zu ihr gelaufen sein und sie stürmisch umarmt haben. »Erzählen Sie mir etwas von Ihrem Werdegang!« bat er sie. »Wieviele Semester muß man hier studieren, um so großartig richten zu können? An welcher Hochschule waren Sie? Bei welchem Professor?« Frau Samain erwiderte nur gelassen: »Die Juristerei habe ich in acht Monaten gelernt, auf einer Richterschule. Was man sonst noch zum Richten braucht, über den Formelkram hinaus, hat mich das Leben gelehrt und meine Partei.«

Viel später, wir waren längst Freundinnen geworden, erzählte mir Lisbeth, was den Anstoß dazu gegeben hatte, daß sie Sozialistin wurde. Sie war als junges Mädchen bei einer sozialdemokratischen Familie als Hausgehilfin tätig. Auf einer Geburtstagsfeier, in vorgerückter Stunde, fielen unflätige Worte gegen Rosa Luxemburg. Das kleine Dienstmädchen hatte noch nie Rosas Namen gehört, aber die Schmähung eines Menschen, der sich nicht verteidigen konnte, empörte sie, und sie ergriff leidenschaftlich Partei für die Abwesende. Wenige Tage später erhielt sie von Rosa Luxemburg einen in warmherzigen Worten gehaltenen Dankesbrief; einer der Anwesenden mußte ihr den Vorfall auf der Geburtstagsfeier geschildert haben. Bald darauf wurde Rosa Luxemburg ermordet. Und jetzt erst begann sich das Dienstmädchen Lisbeth dafür zu interessieren, für welche Ziele ihre große Freundin, deren Brief sie von nun an hütete wie ein Heiligtum, ihr Leben gegeben hatte. So wurde sie Sozialistin.

Wer Lisbeth Samain zum erstenmal sieht, wie sie da im Vorzimmer hinter ihrem Schreibtisch sitzt, ist fast enttäuscht. Sie wirkt unscheinbar, grobschlächtig; das graue Haar trägt sie straff zurückgekämmt und am Hinterkopf zu einem altmodischen Knoten geflochten. Sie erinnert eher an eine Landarbeiterin, die eben vom Melken kommt. Vergeblich bemühen sich ihre groben, verarbeiteten Hände, in den vor ihr liegenden Aktenberg ein wenig Ordnung zu bringen. Die Sekretärin muß schließlich helfen, denn beide Hände der Richterin sind gelähmt. Sie erzählt es mir fast beiläufig, so als sei es nicht der Rede wert, daß ihre Hände heute wie zwei Steine sind, leblos, Erbe der verruchten Hitlerzeit, in der ein SA-Lümmel sie bei einer Demonstration rüde zu Boden riß und sich einen Spaß daraus machte, auf ihren Händen, die hilflos nach einem Halt suchten, herumzutrampeln. Schon die Unterschrift unter ein Urteil zu setzen, bereitet ihr Pein. Welche Willenskraft hat erst dazugehört, denke ich, als sie sich nach dem Kriege, damals schon vierundvierzigjährig, entschloß, noch einmal die Schulbank zu drücken, sich auf einem nur achtmonatigen Lehrgang in Potsdam durch intensive Arbeit, trotz schlechtester Ernährung und durch das körperliche Leiden wieder und wieder gehemmt, das Rüstzeug zu holen für den künftigen Richterberuf.

Es wurde Lisbeth Samain nicht an der Wiege gesungen, daß sie einmal als Richterin fungieren würde. Viele Umwege waren nötig, bis es dazu kam; viele Etappen mußte sie, das ehemalige

Landarbeiterkind, durchlaufen. Ihr Leben an der Seite eines einfachen Mannes, der in der Zeit der Weltwirtschaftskrise kaum die Margarine aufs Brot zu verdienen vermochte, war das einer hart arbeitenden Proletarierfrau. Viele Jahre lang scheuerte sie die Treppen in einem Bürgerhaus des Berliner Westens. Dann arbeitete sie als Serviererin, als Köchin, schließlich nahm sie wieder eine Hauswartstelle.

Als der Mann von der Ostfront nicht zurückkehrte, übersiedelte Lisbeth aufs Land. Sie hatte Juden in ihrer Wohnung Unterschlupf gewährt – jetzt war es für sie an der Zeit unterzuschlüpfen. Sie verdingte sich als Magd. »Es war meine härteste Zeit«, sagt sie später in der Erinnerung. »Man schanzte mir die schwersten Arbeiten zu. Aber ich hatte mir das Ziel gesetzt durchzuhalten. Und ich schaffte es. Ich habe den Krieg überlebt.«

In der kleinen Gemeinde Cahnsdorf bei Luckau wählte man sie nach dem Zusammenbruch des Hitlerreiches zur Bürgermeisterin. Jeder hatte die zähe Frau mit den grauen Haaren schätzengelernt, die nicht zimperlich war wie andere Städter, die sich vor keiner Arbeit drückte, die auf jede Frage, ob sie dieses oder jenes übernehmen könne, zur Antwort gab: »Ja, das kann ich.« Jetzt lernte sie sogar regieren, mit eisernem Besen Ordnung schaffen – zunächst in ihrer kleinen Gemeinde. Einer Bäuerin, die sie mit einer großen Schlackwurst bestechen wollte, entgegnete sie ruhig: »Du behältst die Wurst, und ich behalte meinen Kunstdünger. Denn darum kommst du doch.« Und einem sowjetischen Genossen, der sie zu einem Erholungsurlaub in der Sowjetunion überreden wollte, gab sie zur Antwort: »Solange alle hungern, will ich gleichfalls hungern.« Der sowjetische Offizier erzählte später oft mit großer Ehrerbietung, daß er nach dem Kriege bei uns eine wahrhafte Kommunistin getroffen habe: die Bürgermeisterin von Cahnsdorf!

Lisbeth lebte zu jener Zeit, als er das erzählte, längst nicht mehr in Cahnsdorf. Sie besuchte damals schon in Potsdam die Richterschule. In der DDR hatte man die Nazirichter aus ihren Ämtern verjagt, neue Juristen mußten herangebildet werden, im Schnellkursus. »Du – Richter!« befahl eines Tages der russische Kommandant der bisherigen Bürgermeisterin von Carlsdorf. Da gab es keine Ausflüchte, keine Widerrede. Da packte sie ihre Koffer und übersiedelte nach Berlin, wo sie nun bereits zehn Jahre lang am Jugendgericht tätig ist. Sie habe es nicht leicht gehabt zu Anfang, erzählte sie mir. So wurde nach alter bürgerlicher Gewohnheit Latein gelehrt. »Richter und Rechtsanwalt müssen sich verständigen können, ohne daß das Publikum sie versteht«, sagte der alte Lehrer, der vom Neuen in der Justiz noch nichts begriffen hatte. Um so mehr hatte Lisbeth begriffen. »Mein ganzes Leben lang bemühe ich mich, von den Menschen verstanden zu werden«, erwiderte sie flammend, »und jetzt soll ich eine Sprache lernen, damit man mich nicht versteht?« Sie hat inzwischen Latein gelernt, aber sie benutzt es nicht als Geheimsprache zwischen Berufskollegen. Sie spricht, was sie zu sagen hat, klar und offen aus.

Man muß sie bei der Arbeit erleben, im Gerichtssaal, wo sie heute über einen Jugendlichen verhandeln soll, der schon zweimal rückfällig geworden ist. Sie hat schlecht geschlafen letzte Nacht, man sieht es ihr an. »Was mache ich mit dem Jungen?« fragt sie sich immer wieder. »Einsperren? Ist das die Lösung? In hundert Jahren wird man über unsere Methode lachen. Erzieht man einen Menschen, indem man ihm die Freiheit nimmt? Wir machen es uns zu leicht ...«

Der Jugendliche, der nun vor ihr steht, hat schon die graue Gesichtsfarbe eines Menschen, der seit Wochen in Haft ist. Auch in Moabit hat er bereits eine Strafe absitzen müssen. Jetzt hockt er hier in Untersuchungshaft, mit drei anderen in einer Zelle, tatenlos.

»Ist das schön«, fragt Lisbeth Samain, »nichts zu tun zu haben?«

Er schüttelt den Kopf. »Arbeit ist Glück«, fährt sie fort, »wissen Sie das jetzt? Nicht arbeiten dürfen ist das Schlimmste, was einem passieren kann.« Sie fragt nach seiner Vorbildung. Klaus ist aus der siebenten Klasse der Grundschule abgegangen. »Warum haben Sie die achte nicht absolviert?« fragt die Richterin.

»Ich wollte arbeiten.«

»Ist lernen keine Arbeit? Wer in der Schule gut lernt, kann denken«, erklärt sie. »Wer denkt, wird nicht straffällig. Wissen Sie jetzt, was Ihr Grundfehler war? Mit dem Schuleschwänzen hat es angefangen ...«

Sie stellt ihm präzise Fragen. Sie beginnt alles aus ihm herauszuholen. Sie erspart ihm nichts. Schonungslos zieht sie seine Schwächen ans Tageslicht. Das Gericht – sie selbst – hat ihm zweimal vertraut, zweimal wurde ihm Bewährungsfrist zugebilligt. Dennoch hat er dem Arbeiter-und-Bauern-Staat den Rücken gekehrt. Zusammen mit einem Freund, der wegen strafbarer Handlungen von der Volkspolizei gesucht wurde, ging er nach Westberlin, kam nach Marienfelde ins Lager. Von hier aus verübte er gemeinsam mit zwei ehemaligen Legionären die Einbrüche, für die er sich jetzt zu verantworten hat.

»Erzählen Sie doch mal, wie es zu den Straftaten kam«, fordert ihn die Richterin auf.

Der Jugendliche zögert mit der Antwort. »Wir hatten es uns besser vorgestellt im Lager«, sagt er endlich.

Die Eltern des Angeklagten treten vor den Richtertisch. Lisbeth Samain winkt auch den Jungen heran. »Sehen Sie Ihre Mutter an!« sagt sie leise und eindringlich. »Sieht sie glücklich aus? Nein, nicht wahr? Ihre Mutter weint, sie weint Ihretwegen. Jede Mutter, die des Sohnes wegen weinen muß, altert früher. Sind Sie sich klar darüber, was Sie Ihrer Mutter angetan haben? Sie haben nicht nur Pullover gestohlen. Sie haben Ihrer Mutter ein paar Jahre ihres Lebens gestohlen!«

Im Zuhörerraum sitzen Jugendliche, Jungen und Mädchen einer achten Grundschulklasse. Atemlos, wie den Szenen eines Schauspiels, folgen sie den Vorgängen da vorn am Richtertisch, lauschen sie dem Dialog zwischen Richterin und Angeklagtem. Man muß ihre Gesichter sehen, um ermessen zu können, was in ihrem Innern vorgeht.

»Wer ist schuld daran, daß der Junge so geworden ist?« fragt Lisbeth Samain, nachdem der Jugendliche vom Wachtmeister wieder hinausgeführt worden war. Und da sich niemand regt, gibt sie sich selbst die Antwort: »Alle, die mit ihm leben; seine gesamte Umwelt.«

Eins der Mädchen rafft sich schüchtern zu einer Frage auf. »Wie kommt es, Frau Richterin, daß Sie dem Jugendlichen noch immer vertrauen? Er hat Sie doch schon zweimal enttäuscht. Wenn ich seine Richterin wäre ...«

»Was meinen Sie, Kind, wer strenger ist ...«, fragt Frau S. statt einer direkten Antwort, »ein junger Mensch oder ein alter Richter?«

»Der alte Richter natürlich«, erwidert das Mädchen, ohne zu überlegen.

Lisbeth Samain schüttelt lächelnd den Kopf. »Ein alter Richter wird immer nachsichtiger sein, mein Kind. Er kennt das Leben, darum wird er die Verfehlungen des jungen Angeklagten stets zu verstehen suchen. Er ist gütiger und milder. Und sofern er ein echter Richter ist, wird er nie aufhören, an das Gute im Menschen zu glauben. – Und ich sollte diesen Jungen fallenlassen?«

* * *

*I*mmer öfter führt mich mein Weg in die Littenstraße, um die Frau wiederzusehen, die so viel Güte und Weisheit ausstrahlt, die nicht einfach Recht spricht, sondern die auch die seltene Fähigkeit besitzt, haltlosen Menschen einen Kompaß fürs Leben zu geben. Sie hat nie aufgehört, sich um ihre Schäfchen zu kümmern, die sie meist schweren Herzens ins Gefängnis schicken mußte. Sie hat sie auch nach der Entlassung aus dem Strafvollzug nicht allein gelassen. Sie hat dafür gesorgt, daß sie eine Wohnung erhielten und eine Lehre antreten konnten.

Einen, sie nennt ihn ihren Sohn, hat sie sogar zu sich genommen. Sie hatte Erich als Schieber – Ost gegen West – wegen

Buntmetalldiebstahls verurteilen müssen, erkannte aber nach Gesprächen mit ihm, daß er offenbar gute Anlagen hatte. Nach seiner Entlassung erhob sich die Frage: wohin mit ihm? Zur Mutter, einer Alkoholikerin, wollte er nicht; das sprach für ihn. Seine Mutter hatte als Zeugin vor Gericht einen denkbar schlechten Eindruck gemacht. Sie lebte vom Schwarzhandel, hatte womöglich auch bei Erichs Diebstählen ihre Finger drin. Leider hatte man ihr nichts nachweisen können. Im Heim wurde der Achtzehnjährige nicht mehr aufgenommen. »Komm in vier Wochen wieder«, sagte die Richterin kurzentschlossen. »Bis dahin habe ich dir ein Zimmer besorgt.«

Doch mit dem Zimmer klappte es nicht. Es gab damals in Berlin kein freies Mauseloch. Sollte der Junge nicht verkommen, gab es nur einen Ausweg: Lisbeth mußte ihm das halbe Zimmer ihrer Wohnung abtreten. Sie gab ihm ihre Adresse. »Komm hin, wenn du willst«, sagte sie zu ihm. »Wir werden ja sehen, ob wir miteinander auskommen.« Vier weitere Wochen verstrichen. Erich ließ sich nicht blicken. Erst am letzten Tag vor seinem monatlichen Meldetermin stand er plötzlich vor ihrer Tür. »Stehen Sie noch zu Ihrem Wort, Frau Richterin?« – »Ja, natürlich.« Erich tapste an ihr vorbei in den Flur, nahm gründlich die ganze Wohnung in Augenschein. »Und wo soll ich pennen?«

Das wußte sie selber noch nicht. Schon seit Wochen war sie auf der Suche nach einem Bett für Erich. Auch zum Zudecken hatte sie nichts, ihr ganzer Reichtum bestand aus einer einzigen Steppdecke mit dazugehörigem Kissen. Auch Kleidung würde er brauchen ... Die Worte eines Kollegen fielen ihr ein, dem sie ihren Entschluß, Erich bei sich aufzunehmen, anvertraut hatte. »Was laden Sie sich da auf!« hatte er ausgerufen. »Sie gehen dabei vor die Hunde, das prophezeie ich Ihnen.« Aber irgendwie kam alles ins Lot. Eine Nachbarin, deren Mann noch vermißt war, lieh ihr eine eiserne Bettstelle. Das Bett war lange das einzige Möbelstück. Erich war es egal, er hockte sowieso meist in Lisbeths Zimmer, denn die Kohlen reichten nur für einen Raum.

Manchmal merkte sie, wenn sie vom Gericht nach Hause kam, daß er Besuch gehabt hatte. Einige Male waren auch Mädchen dagewesen. Sie nahm es gelassen hin. Das einzige, worauf sie bestand: daß er pünktlich zur Arbeit ging. Sie hatte ihn in einer Klempnerwerkstatt untergebracht, die Tätigkeit behagte ihm nicht, eines Tages schmiß er den Krempel hin. Unverzüglich besorgte sie ihm eine neue Stelle, duldete nicht, daß er auch nur einen Tag die Arbeit schwänzte. Sie selber sah Abend für Abend Akten durch, nachts stellte sie sich ans Waschfaß und schrubbte Erichs Zeug. Eine Zeitlang nahm er es gleichmütig hin, doch eines Nachts torkelte er schlaftrunken zu ihr in die Küche: »Lassen Sie mich das doch machen«, murmelte er. »Gut«, sagte sie, »versuch es.« Sie war zum Umfallen müde, war auch unterernährt. Am Gericht bekam sie zwar eine warme Mahlzeit, aber sie ließ ihre Portion in ein Kochgeschirr füllen und nahm sie mit nach Hause; so hatten sie beide davon. Sie freute sich, wenn er tüchtig einhieb. Der Junge war jung und im Wachsen, er brauchte mehr als sie. Dabei versäumte sie keine Gelegenheit, um ihn zu erziehen. »Man schmatzt nicht beim Essen!« – Erich sah verblüfft auf. »Wenn es mir doch schmeckt ...« – »Man schmatzt trotzdem nicht«, beharrte sie. »Glaub mir's. Nur Tiere schmatzen.« Ein andermal erkundigte sie sich nach seiner Arbeit, wollte, daß er ihr einen bestimmten Handgriff erklärte. Erich war verblüfft. Noch nie hatte jemand seine Arbeit so wichtig genommen. »Was sind Sie bloß für ein Mensch!« sagte er einmal überwältigt, als sie ihm ein Glas Apfelmus, Sonderzuteilung vom Gericht, vor die Nase setzte. »Immer denken Sie an andere, nie an sich.« Ein andermal sagte er warnend: »Seien Sie vorsichtig – am Gericht sollen viele Kommunisten sein!« Lisbeth lachte schallend: »Bin ja selber eine«, gestand sie.

Allmählich lernte Erich begreifen, daß Kommunismus nichts Schlechtes war. Immer häufiger griff er nach der Zeitung. Eine Arbeiter-und-Bauern-Fakultät hatte man auf die Beine gestellt, las er – das mißfiel ihm gründlich. »Wir Arbeiter schinden uns ab«, räsonierte er, »und die feinen Pinkel studieren auf unsere

Kosten.« – »Was sind denn das für feine Pinkel?« fragte ihn Lisbeth. »Sind doch Arbeiterkinder, die da hingeschickt werden. Kannst ja selber hin.« – »Ich?« Er tippte an seine Stirn. »Warum nicht?« sagte sie. »Wenn du wirklich Lust zum Lernen hast, melde dich an.«

So wurde Erich Arbeiterstudent. »Was kannst du?« hatte man ihn bei der Aufnahmeprüfung gefragt. Erich überlegte blitzschnell. Er konnte Regenrinnen abmontieren, das galt hier nicht. Auch die paar Handgriffe, die er sonst konnte, das war alles nichts Rechtes. Er suchte etwas, was er wirklich von Grund auf beherrschte. »Wäsche waschen kann ich!« rief er triumphierend. Ja, wie er sein öliges Arbeitszeug sauber kriegte, das hatte er inzwischen gelernt, auch einiges andere, was er nach und nach von Lisbeth übernommen hatte: Er holte die Kohlen aus dem Keller, er putzte alle Fenster. Sie konnte sich wirklich nicht beklagen, er war zu ihr wie ein Sohn. Manchmal murrte er erst ein bißchen, bevor er nach dem Mülleimer griff oder den Boden schrubbte – aber auch wirkliche Söhne sind nicht fehlerfrei.

Und doch wurde ihr Vertrauensverhältnis jäh zerstört, durch Erichs Mutter. Völlig unvermutet stand sie eines Tages vor Lisbeths Tür, ging durch die Wohnung, ließ ihre Blicke hämisch in die Runde schweifen. »Sie lieben also meinen Erich«, stellte sie grinsend fest. Lisbeth war ohne Arg. »Ja«, sagte sie warm, »er ist mir ans Herz gewachsen.« – Das Weib lachte auf. »In meiner Straße wohnt auch so eine«, kicherte sie, »die's mit 'nem Jungen treibt. Die Olle ist dreißig Jahre älter als er. Hat ihm schon drei Anzüge auf'n Leib gehängt, einer immer feiner als der andere ...«

Lisbeth war im allgemeinen nicht schwer von Begriff. Diesmal verstand sie nicht. Erst als Erichs Mutter sagte: »Sie gehen doch schon auf die Fünfzig zu, Frau ...«, schoß ihr das Blut ins Gesicht. Sie wußte später nicht mehr, wer die Frau an die Luft gesetzt hatte.

Auch Erich war bis zum Hals rot geworden. Sie wagten kaum noch, sich anzusehen, die Befangenheit blieb. Erich trabte nicht mehr halbnackt durch die Wohnung wie bisher, und als Lisbeth einmal unvermutet ins Zimmer trat, stand er auf der Leiter und versuchte, das Rouleau, das sich oben verklemmt hatte, herunterzuzerren. »Nicht nötig, daß alle hereingaffen«, sagte er. Bisher hatten sie sich nie gegen fremde Blicke abgeschirmt, allein der Gedanke daran wäre ihnen absurd erschienen. Auf einmal war alles verfänglich. Beim Essen suchten sie krampfhaft nach einem Gesprächsstoff, und wenn sich zufällig ihre Finger berührten, zuckten sie zurück. – Damals baute man in der Stadt das erste Studentenheim, einen Wohnblock, in dem in erster Linie die ABF-Studenten billig versorgt werden sollten. Lisbeth überlegte nicht lange. Erich würde endlich unter seinesgleichen sein, während er bei ihr ... Auch andere Leute, nicht nur Erichs Mutter, konnten falsche Schlüsse ziehen. – Noch am selben Abend eröffnete sie Erich, daß er ausziehen müsse; sie brauche das halbe Zimmer für sich, log sie ihm vor. Sollte er denken, was er wollte! Hastig, ehe der Entschluß sie wieder reuen konnte, machte sie sich auf den Weg, um alle Formalitäten für seine Übersiedlung ins Studentenheim einzuleiten. Drei Wochen später zog Erich aus.

* * *

Wenn Lisbeth jetzt abends nach Hause kam, waren die Fenster ihrer Wohnung dunkel. Kein Erich, der im Zimmer unter der Lampe saß, der im Ofen nachgelegt hatte, damit sie es schön warm hatte. Mit dem sie diskutieren oder über den sie sich auch ärgern konnte. Zwar kam Erich noch öfter auf einen Sprung vorbei; das Kollektivleben im Studentenheim behagte ihm nicht, aber auch diese kurzen Besuche wurden seltener. Wieder ein Jahr später und er ging zum Studium nach Greifswald. Schließlich wurde er Oberarzt im Städtischen Klinikum. Ist Lisbeth stolz auf ihn? Ja und nein. Ja, sie »habe etwas aus ihm gemacht«, sagt sie nachdenklich, habe ihn studieren lassen. Aber hatte er sich wirklich geändert? – Auch ich habe Erich seit unserer ersten Begegnung nicht in bester

Erinnerung. Lisbeth war damals umgezogen. Sie mußte aus Gesundheitsgründen – sie hatte sich ja nie geschont und erlitt zwei Herzinfarkte – vorzeitig in Rente gehen und wollte eine kleinere Wohnung beziehen. Ich hatte versprochen, ihr dabei zu helfen, vor allem ihre vielen Bücher systematisch einzuordnen. Doch als ich hinkam, wimmelten in den anderthalb Zimmern schon so viele Helfer herum – alles ehemalige Angeklagte, die sich darum rissen, ihrer früheren Richterin gefällig zu sein –, daß ich getrost hätte umkehren können. Nur ein junger Mann hielt sich abseits, stand müßig herum und sah zu, wie sich die anderen plagten. »Reine Idiotie, was du hier machst!« stieß er endlich hervor, sich an Lisbeth wendend. »Dich in solch Kabuff zu verziehen! Keiner hätte dich aus deiner großen Wohnung hinausgeworfen. Schließlich bist du wer.« – »So, wer bin ich denn?« hatte Lisbeth eisig zurückgefragt. »Eine Richterin bin ich, die sich zur Ruhe setzt. Und Genossin – falls du das etwa meinst.« – »Genossin, Genossin!« höhnte er. »Bist du immer nur Genossin, um zurückzustehen? Andere sahnen ab, und du gibst die Wohnung auf! Freiwillig!« – Er tippte an seine Stirn. Ich sah, wie sehr sich Lisbeth zur Ruhe zwang. Sie trat dicht vor ihn hin. »Weißt du überhaupt, du Lausejunge«, fragte sie ihn, »wie viele Ehen bei uns kaputtgehen – hauptsächlich aus Wohnungsgründen?« – »Nee«, erwiderte er rüde, »weiß ich nicht. Statistik hat mich noch nie interessiert.« – »Nein, dich interessiert nur dein eigenes Fortkommen«, gab sie bitter zurück.

Sie verargte es Erich, daß er seine erste Frau Rosi nur aus Berechnung geheiratet hatte. Ihr Vater war ein hoher Funktionär, von dem er sich Vorteile versprochen hatte. Als die Hoffnung zerstob, trennte er sich von der Frau, die ihn abgöttisch liebte und nie über den Verlust hinwegkam.

Wie weit kann man einen Menschen verändern? fragte sich Lisbeth oft. Du kannst ihn aus dem Sumpf ziehen, ihm Manieren beibringen, ihn unter deine Fittiche nehmen. Du sorgst dafür, daß er einen Beruf erlernt, schickst ihn auf die Universität. Aber was bewirkst du damit? Eines Tages machst du dir klar, daß du nur die

Oberfläche glattgehobelt hast und daß darunter noch die alten Risse und Schrunden sitzen. Lange ist sie Erich bitterböse. Er hat Rosis Leben zerstört. Doch zur selben Zeit hat er ihr – Lisbeth – zweimal das Leben gerettet, wenn sie mit tatütata im Krankenwagen im letzten Moment in die Klinik kam, auf seine Station, wo er Himmel und Hölle in Bewegung setzte, um sie zu retten. Da hat er sich nie geschont, hat nächtelang an ihrem Bett gesessen. Zwei Seiten einer Medaille? Nur: Welche behält die Oberhand?

* * *

*M*ir war es allmählich zur Gewohnheit geworden, Lisbeth nach jeder Verhandlung, der ich beigewohnt hatte, nach Hause zu begleiten, wo wir noch ein Stündchen bei einer Tasse Kaffee oder Tee zusammensaßen. Noch einmal ließen wir dann die akuten »Fälle« an uns vorüberziehen. »Sie sind ja alle keine Verbrecher«, sagt Lisbeth, »nur die Umstände haben sie zeitweilig dazu gemacht. Man muß die Umstände ändern, aber was machen wir?« Kritik am Strafvollzug ist eines ihrer Lieblingsthemen, mit der sie sich nicht überall Freunde schafft. Ihre Erzfeindin ist Hilde Benjamin (damals Justizministerin der DDR), in deren Augen Lisbeth eine weltfremde Idealistin ist. Würde sie doch am liebsten sämtliche Gefängnisse schließen und statt dessen riesige Maschinenhallen errichten, in denen die Insassen einen handfesten Beruf erlernen! – »Utopien, Lisbeth!« sage auch ich, wenn sie mir gegenüber solche Ideen verficht. Aber nun widerspricht sie lebhaft: »Warum sollte sich das nicht eines Tages verwirklichen lassen? Haben wir die Macht im Staat?« fragt sie aggressiv. Wir haben tagelang um solche Fragen gestritten, Lisbeth und ich, die längst zum vertrauten Du übergegangen sind, weil wir Freundinnen sind – falls Freundschaft nicht ein zu großes Wort ist für unsere Beziehung, die immer einseitig geblieben ist. Denn stets habe ich von der Älteren profitiert, von ihrer Lebenserfahrung, ihrer großen Menschenkenntnis. Zu Anfang habe ich Lisbeth dazu überreden wollen, ihre

Erinnerungen aufzuschreiben, weil die, die nach uns kommen, vielleicht aus ihrem Lebenslauf einen Nutzen ziehen können. Sie hat ihr Vorhaben aber bald wieder aufgesteckt. Alles klinge so hochgestochen und hölzern, klagte sie, sowie sie den Apparat einschalte. Sie müsse in Gesichter sehen, dann käme sie ins Erzählen, nur dann ...

* * *

*E*s sei etwa 1948 oder 1949 gewesen, erzählt sie mir eines Tages, daß sie vom Justizministerium den Auftrag erhielt, ins Zuchthaus nach Luckau zu fahren und einige Urteile zu überprüfen, die 1945, unmittelbar nach Kriegsende, gefällt worden waren. In dem allgemeinen Inferno war auch das Justizwesen zusammengebrochen; die alten Richter waren auf und davon, und die neuen, von der sowjetischen Besatzungsmacht in aller Eile ernannt, brachten für dieses Amt meist nicht mehr als den redlichen guten Willen mit. Ein großer Teil der damals gefällten Urteile würde einer strengen juristischen Prüfung nicht standhalten können. Und in Luckau hatte man vor wenigen Tagen – mit derselben Guillotine, mit der zweitausend Kommunisten von den Faschisten geköpft worden waren – zwei Todesurteile vollstreckt! Ein weiterer Kandidat saß in der Todeszelle! »Also ein Kriegsverbrecher?« hatte Lisbeth gefragt. Der Staatsanwalt, ein alter Genosse, der jahrelang im KZ gesessen hatte, hob hilflos die Schultern. »Ich weiß es nicht«, sagte er verzweifelt. Und nach einer langen Pause fügte er hinzu: »Wir wollten's doch jetzt besser machen ...«

Lisbeth machte sich auf den Weg, wenn auch mit gemischten Gefühlen. Sie hatte gerade erst die Richterschule absolviert und fühlte sich in dem ihr undurchdringlich erscheinenden Paragraphenwald durchaus noch nicht sicher. Und nun sollte sie über das Schicksal einiger Menschen, die im Zuchthaus saßen, selbständig entscheiden! Aber sollte sie sich feige verweigern, eine Unpäßlichkeit vortäuschen? Schließlich war sie Richterin geworden, um mitzuhelfen, das Unrecht aus der Welt zu schaffen. Da mußte sie alle Bedenken beiseite schieben.

Der Gefängnisdirektor, ein Beamter alten Stils, der sich noch Oberregierungsrat titulieren ließ, pflegte seinen Rundgang durch das Gefängnis nur in Begleitung zweier kräftiger Doggen vorzunehmen. Lisbeth bestand darauf, mit dem Todeskandidaten zu sprechen. Sie wußte inzwischen aus der Akte, daß es sich um einen ehemaligen SS-Mann handelte, der laut Protokoll »im Umsiedlerlager ein ältliches Fräulein, von dem er nur Gutes erfuhr, brutal niedergeschlagen und beraubt hatte«. Er sei dann unter Mitnahme einer Joppe, einer goldenen Uhr und fünfzehnhundert Mark Bargeld Hals über Kopf geflohen, habe aber schon am nächsten Tag gefaßt werden können ... Die junge Juristin stutzt: Ein abgefeimter Rohling und läßt sich so schnell erwischen? Sie sieht auf das Geburtsdatum: Jahrgang 1927. Bei Kriegsbeginn war er also gerade zwölf, nach dem Zusammenbruch siebzehn. Die Tat hatte er mit achtzehn begangen.–

Diesen SS-Mann will ich mir näher begucken, sagt sie sich. Der Direktor drückt eilfertig auf einen Knopf: »Ich lasse den Gefangenen vorführen.« – »Ich will ihn in seiner gewohnten Umgebung sprechen«, beharrt sie. Ein Wachtmeister begleitet sie bis zur Zelle. »Schließen Sie auf!« befiehlt sie. – Er tut es. »Schließen Sie hinter mir zu!« – Aber nun protestiert er: »Das darf ich nicht. Wenn Ihnen etwas passiert ...« »Schließen Sie mich trotzdem ein!« sagt Lisbeth. Zögernd gehorcht er. Der schwere Schlüssel dreht sich im Schloß. Dann ist sie mit dem Häftling allein.

Der Todeskandidat, ein schmalbrüstiges Bürschchen, zittert am ganzen Leibe. »Wovor fürchten Sie sich?« fragt ihn Lisbeth. »Wenn ich komme, kann es nur Hilfe bedeuten.« Sie hatte Klappstullen mitgebracht, gibt ihm die Hälfte ab. Mit beiden Händen stopft er das Brot in sich hinein, murmelt, er hätte geglaubt, sie wolle ihm Tag und Stunde der Hinrichtung mitteilen. »Hier wird niemand mehr hingerichtet«, sagt Lisbeth kühn. Langsam bringt sie ihn zum Sprechen. Er beginnt mit dem Umsiedlerlager. »Nicht so, Junge«, unterbricht sie ihn, »erzähl der Reihe nach. Wie war deine Kindheit? Wo bist du geboren? Erzähl von Anfang an!«

Dann endlich, sagte Lisbeth, hätte der Junge sein Leben vor ihr ausgebreitet. Was für ein armseliges Leben! In einem Waisenhaus war er aufgewachsen. Als die Rote Armee an der Oder stand, sagte der Hausvater zu ihm: »Nun ist es soweit, Junge. Verdrück dich.« – Er riet ihm, zur Waffen-SS zu gehen, und der Junge, gewohnt zu gehorchen, tat es. Er erhielt eine Schnellausbildung, wurde danach sofort zum Einsatz befohlen. Zwei Schlachten, schon auf deutschem Boden, hatte er noch miterlebt. »Wie war denn das?« fragte Lisbeth, »hat dir das Spaß gemacht, das Schießen?« – »Ich weiß nicht«, stammelte er hilflos, »ich hatte so rasende Angst. Ich habe gestochen und geballert, weil das doch alle machten. Habe um mich gehauen, habe mich gewehrt ...« Spricht so ein Totschläger? hatte sich die Juristin gefragt.

Und dann im Umsiedlerlager ... Der Junge wurde einfach vom Pech verfolgt. Zusammen mit anderen Flüchtlingen, die ziellos umherstreunten, war er dort hängengeblieben. Im Lager wohnte ein älteres Geschwisterpaar, die Frau hatte ihm mal Nadel und Faden geliehen, sie erlaubte auch, daß er sich den Muckefuck auf ihrem selbstgebastelten Öfchen aufwärmte. Einmal, als die Geschwister draußen waren, nutzte er die Gelegenheit, um in ihrem Kochtopf seinen Verbandslappen auszukochen – er litt an einem eiternden Geschwür im Genick. Die Frau kam hinzu, sah es, angeekelt bückte sie sich nach einer Latte und hieb auf den Jungen ein. Der heulte auf: Die Latte hatte sein Geschwür getroffen. Nun sah er rot. Er packte die Frau und schleuderte sie zu Boden. Unglücklicherweise prallte sie mit dem Kopf gegen den eisernen Bettpfosten. Sie war sofort tot.

Bis zu diesem Zeitpunkt wäre es »Totschlag im Affekt« gewesen. Aber der Junge hatte solche Angst, er wollte weg, er floh. Im Gehen reißt er eine alte Jacke des Bruders vom Haken, in der Jacke befinden sich fünfzehnhundert Mark in bar und eine goldene Uhr. Nun ist es »Raubmord«. »Aber verstehst du«, sagte Lisbeth, »er wußte gar nichts von dem Geld und der Uhr. Er brauchte nur die Jacke, ihm war so kalt ...« Sie schrieb in ihrem Bericht an den Staatsanwalt: »Der Junge ist genausowenig ein Raubmörder, wie er je ein richtiger SS-Mann war.« Die Todesstrafe wurde in eine langjährige Zuchthausstrafe umgewandelt. »Immer noch schlimm genug!« meinte Lisbeth zornig. »Der Junge war kein Verbrecher. Ihm hat zeitlebens Elternliebe gefehlt. Kann man jemanden wegen mangelnder Nestwärme ins Zuchthaus stecken?«

Das nächste Mal kommt sie wieder darauf zu sprechen: auf die ersten schlimmen Nachkriegsjahre. Das schwärt an ihr wie ein Geschwür, das nicht heilen will. »Wir haben so viel falsch gemacht«, klagt sie. »Zu Tausenden haben wir sie ins Gefängnis geschickt, aber sie waren doch alle keine Verbrecher, waren gutmütige Bauern. Sie hatten ein bißchen geschoben, nichts weiter. Die Städter hungerten, sie schleppten all ihre Kostbarkeiten aufs Land, bloß um ein Stück Speck oder ein paar Eier zu ergattern. Und die Bauern waren keine Kostverächter. Die nahmen ihren Vorteil kräftig wahr, man erzählte sich, daß sie sogar die Ställe mit kostbaren Teppichen ausgelegt hätten. Wenn man sie beim Tausch erwischte, wurden sie verurteilt und wanderten ins Gefängnis. Zu Hunderten, zu Tausenden saßen sie da – und draußen mußte der Boden bearbeitet werden. Es fehlte an Männern, an Zugvieh sowieso, oft genug spannten sich die Bäuerinnen selbst vor den Pflug. So konnte es nicht weitergehen. Ich sollte also auch die Bauernakten überprüfen. Wer es nicht zu arg getrieben hatte, hieß es, sollte entlassen werden. Ich habe alle wieder laufenlassen ...«

Ein weiteres Sorgenkind meiner Freundin Lisbeth war Hubert. Das Bürschlein hatte schon als Vierzehnjähriger vor Gericht gestanden. Damals war er so schmächtig, daß man ihn kaum auf elf geschätzt hätte. Seine Ärmchen staken wie Stöcke aus den kurzen Jackenärmeln hervor. Alle Augenblicke sah er sich wie schutzsuchend nach seiner Mutter um, die im Zuhörerraum saß, hinten auf der letzten Bank, in sich zusammengesunken. Die Anklage gegen den Jungen lautete auf »Kirchenraub«. Wie war es dazu gekommen? Lisbeth wußte aus den Akten, daß die Mutter den Jungen allein aufziehen mußte. Wenn sie arbeiten ging, spielte Hubert auf der Straße, dicht neben der Immanuelkirche. Die Kirche gehörte zum Alltag des Jungen, genau wie die Mülltonne oder die Teppichstange. Bei schönem Wetter balgten sich die Kinder auf der Straße oder turnten am Reck. Bei Regen flüchteten sie in die Kirche, dort war es trocken und kühl. Einmal rissen sie beim Spiel den Opferstock um. Die Groschen kullerten auf die Erde, verführerisch nah. Einer bückte sich nach einem Geldstück, die anderen taten's nach. Redlich teilten sie die magere Ausbeute untereinander auf, es reichte gerade zu einem Eis für jeden. Doch jetzt, da der Bann gebrochen war, wurden sie kühn. Huberts Freund Alf riß die Altardecke herunter und band sie sich um den Leib. Ein anderer erwischte den Abendmahlwein, er ließ die Flasche herumgehen. Als der Küster gegen Abend kam, fand er Hubert mutterseelenallein hinter einer Bank, das Gesicht kalkweiß und in der Kehle ein Würgen – sein Magen revoltierte gegen den Alkohol, den er verdauen sollte. Hubert gestand sofort alles ein.

Lisbeth hätte das Bürschlein damals am liebsten nach Hause geschickt. Aber ein Schöffe gehörte zur Blockpartei, er forderte für die Kirchenschänder strenge Bestrafung. »Das war doch Kinderei«, sagte sie zu ihm, »nichts weiter. Ich prophezeie Ihnen, daß wir den Jungen hier niemals wiedersehen – oder ich habe überhaupt keine Menschenkenntnis.« – Sie schickte ihn für drei Tage in eine Enttrümmerungskolonne. »Und nun geh nach Hause zur Mutter«, sagte sie danach zu ihm. »Und unterstehe dich, sonst ...« Sie hatte Mühe, das Lachen hinunterzuschlucken, das ihr bei ihrer Drohung in der Kehle saß.

Wer kennt sich aus in den Menschen? Kaum zwei Jahre sind um – und sie stieß beim Aktenstudium wiederum auf Huberts Namen. »Straftat: Kirchenraub« stand da, und diesmal waren es handfeste Taten, die man Hubert und seinem Freund Alf zur Last legte. Die beiden hatten sich, um am »Stralauer Fischzug« teilnehmen zu können, das nötige Kleingeld verschafft, indem sie die nahen Kirchen aufbrachen und den Opferstock ausräumten. Das war nun keine Spielerei mehr! Der Schöffe, zufällig war es derselbe wie damals, triumphierte. »Habe ich es Ihnen nicht gesagt? Das nächste Mal stecken die Bengels die Kirche in Brand.« – Sein Eifer schien ihr übertrieben, aber auch sie war enttäuscht. »Was hast du dir eigentlich dabei gedacht?« herrschte sie Hubert an. »Das ist Rückfall, mein Junge. Wenn du über achtzehn wärst, müßte ich dich ins Zuchthaus schicken!« – Ihre Blicke gingen suchend über den Saal: »Ist deine Mutter nicht hier?« – Hubert erzählte, daß seine Mutter schon lange im Krankenhaus läge. Sie atmete fast hörbar auf. So war das also! Dann war der Junge sich selbst überlassen, und er war ja immerhin erst sechzehn, war offenbar hilflos dem Einfluß des Älteren ausgeliefert. Sie war schon milder gestimmt. Doch für anderthalb Jahre mußte sie Hubert in den Werkhof schicken; es war die Mindeststrafe, die das Gesetz für rückfällig gewordene Jugendliche festgesetzt hatte.

Vom Jugendwerkhof kamen nur günstige Nachrichten. Die Berichte des Leiters waren so gleichlautend positiv, daß Lisbeth über den Tagesanforderungen versäumte, sich über Huberts Ergehen genauer informieren zu lassen. Dann tauchte er eines Abends plötzlich wieder bei ihr auf. Sie war an diesem Tag spät vom Gericht gekommen, hatte in der Diele Mantel und Hut abgelegt, stellte die Tasche mit den Einkäufen auf den Küchentisch und wollte ins Wohnzimmer hinüber, um die Nachrichten zu hören. Plötzlich öffnete sich vor ihr die Tür wie von Geisterhand, im Rahmen stand Hubert. Im ersten Moment glaubte sie an eine Erscheinung. Sie rieb sich die Augen – er stand immer noch da. Und jetzt sah sie auch seinen abgewetzten Koffer neben dem Ofen stehen. War der Junge getürmt? Und wie war er überhaupt hier hereingekommen? Ihr Blick ging zum Fenster, vor dem die Gardine sich sacht hin und her bewegte. »Entschuldigen Sie schon, Frau Richterin«, sagte Hubert verlegen, »aber ich wollte lieber nicht mit dem Dietrich arbeiten. Darum bin ich durchs Fenster gekommen. Es war ganz einfach, der Riegel sitzt nicht mehr fest. Aber den repariere ich Ihnen, Frau Richterin ...« Er sah sich schon nach einem passenden Werkzeug um. Lisbeth brauchte eine Weile, um ihre Fassung wiederzufinden. »Woher weißt du überhaupt meine Adresse?« herrschte sie ihn an. »Aber die kennen doch alle im Knast, Frau Richterin«, erwiderte Hubert schnell. »Ich meine: alle, die von Ihnen schon mal verknackt worden sind!« Das waren ja schöne Aussichten! Da mußte sie sich wohl doch einmal Jalousien zulegen, sie wohnte schließlich zu ebener Erde ... »Ihnen tut doch niemand was, Frau Richterin«, sagte Hubert beschwichtigend. »Ihnen nimmt niemand was weg! Ihnen doch nicht!« »Nein?« Sie mußte lachen. Nun ja, einen Opferstock oder gar Reichtümer hatte sie nicht. Aber was wollte der Junge eigentlich? Warum ging er nicht zur Mutter? Warum kam er ausgerechnet zu ihr, seiner Richterin? »Wenn du glaubst, Junge, daß ich dich vor der Polizei verstecke, weil du ausgerückt bist – dann bist du schiefgewickelt.« – Nun war es an Hubert, verblüfft zu sein. Aber nein, beteuerte er, er sei nicht getürmt, er sei ordnungsgemäß entlassen worden, vorfristig, wegen guter Führung, aber das sei es ja gerade ... »Frau Richterin«, sagte er flehend, »können Sie meine Entlassung nicht wieder rückgängig machen?« Und er fing an, ihr die Gründe für sein seltsames Anliegen aufzuzählen: Sie seien im Werkhof gerade dabei, ein Auto zu basteln. Er, Hubert, sei sozusagen der Brigadier, kenne sich am besten aus, er könne auch die anderen jetzt nicht im Stich lassen ... »Schreiben Sie doch einen Brief, Frau Richterin«, bettelte er. »Oder setzen Sie eine Verfügung auf. Sie können das doch – wenn Sie nur wollen!« Sein Vertrauen in ihre Fähigkeiten war grenzenlos. Sie war einigermaßen verlegen. Sie verstand, worum es ihm ging: Er wollte eine Arbeit, die ihm Spaß gemacht hatte, nicht unfertig liegenlassen. Das freute sie. Aber natürlich konnte sie ihm nicht aufs neue die Freiheit nehmen. Sie tat etwas anderes: sah sich nach einer geeigneten Lehrstelle um. Bei Bergmann-Borsig kannte sie den Kaderleiter. Sie telefonierte mit ihm, fuhr sogar hin. Als Hubert das nächste Mal kam – sie hatte ihm ein paar Ruhetage bei der Mutter verordnet –, konnte sie ihm schon den Lehrvertrag zeigen. Sie brauchte bloß noch seine Unterschrift.

Monate folgten, in denen sie Hubert nicht zu Gesicht bekam. Hin und wieder rief er an, gab ein Lebenszeichen: Ja, es gehe ihm gut, der Meister sei zufrieden mit ihm. Erst nach dem »Facharbeiter« kam er wieder mal selbst vorbei. Er war in sich gekehrt, druckste herum, ehe er sich entschloß, mit seinem Problem herauszurücken. »Soll ich die Melanie heiraten?« fragte er sie. Mit dieser Melanie hatte er schon zusammen auf dem Hof gespielt, später hatten sie halbe Nächte hindurch vor der Haustür gestanden. Sie hatte ihm auch fleißig geschrieben, während er im Werkhof war.

»Sie hat dir doch immer gefallen«, sagte Lisbeth, »also warum wollt ihr nicht für's Leben zusammenbleiben?« – Hm, aber sie wolle immer nur tanzen gehen und sei so vergnügungssüchtig. »Und das gefällt dir nicht?« – »Nee. Ich bastele lieber zu Hause. Ich will den Meister machen.« – »Und du glaubst«, fragte sie vorsichtig, »die Melanie ist dir ein Klotz am Bein? Dann laß sie laufen, Hubert!« – Ja, aber sie sei schon im sechsten Monat, gestand er beschämt. Ihre gute Laune verflog. »Das mußt du allein entscheiden«, sagte sie kühl. »Du mußt wissen, was dir wichtiger ist. Frag dein Gewissen.«

Natürlich kann man Vater werden, heiraten und dennoch beruflich vorankommen. Aber Hubert war dem nicht gewachsen. Zunächst erhielt Lisbeth eine vornehme Heiratsanzeige: »Als Vermählte grüßen ...« Rasch danach kam die fällige Geburtsanzeige. Und die Wochen vergingen ... Ab und zu kamen die jungen Leute bei ihr vorbei, um irgendeine Neuerwerbung vorzuführen: Melanies neuestes Kleid oder das Kind in dem himmelblauen Kinderwagen. Auch eine eigene Wohnung stand endlich in Aussicht. Huberts Mutter, bei der die beiden wohnten, würde aufs Land übersiedeln. Melanie putzte jetzt schon tagsüber ihre Puppenwohnung, den Beruf hatte sie kurzerhand an den Nagel gehängt. »Warum denn das?« fragte Lisbeth, »bist du krank?« Aber nein! Melanie fühlte sich schon durch den Haushalt total überfordert, der

Arzt hätte gesagt, sie müsse sich schonen, sie sei überzart ... Melanie wollte also in der Ehe die große Dame spielen. Jedesmal erschien sie in einem neuen Kleid, sie drehte und wendete sich wie ein Mannequin und stelzte auf hohen Absätzen durch Lisbeths Stube, daß es nur so knallte. Hubert hatte sich einer Feierabendbrigade angeschlossen, war jeden Abend und jedes Wochenende irgendwohin unterwegs. »Gefällt dir denn das, wenn du deinen Mann nie um dich hast?« fragte sie die junge Frau. Melanie zuckte mit den Schultern. »Der Schornstein muß rauchen«, erwiderte sie kühl. »Und solange sich die Leute um die Handwerker reißen ...« – Ja, sagte auch Hubert, sie seien auf Jahre hinaus mit Aufträgen eingedeckt, jeder Laubenpieper bestände ja heute auf Dusche und Wasserklo. Er redete und redete, nie war er so geschwätzig gewesen. Aber Lisbeth wußte, daß er nur redete, um sich über das Wichtigste hartnäckig auszuschweigen. Darüber nämlich, daß er mit der Vorbereitung auf seine Meisterprüfung nicht einen Schritt weitergekommen war.

Die Ehe ging schief. Hubert erwischte seine Melanie eines Abends, als er früher als gewöhnlich vom Feierabendeinsatz zurückkam, mit einem anderen im Bett. Er warf sie hinaus. Das Kind behielt er. Nun suchte er eine Mutter für das kleine Mädchen. Er fand seine zweite Frau durch eine Heiratsanzeige. Elsa war längst nicht so attraktiv wie Melanie, ja, sie war geradezu bieder, trug eine Brille und hinkte ein wenig. Sie wohnte in Finsterwalde. Hubert zog zu ihr, und Elsa sorgte hervorragend für ihn und das Kind. Auch sie hatten noch ein Kind zusammen. Die Nachricht von der Geburt des Stammhalters übermittelte ihr Hubert durchs Telefon – auch die Meisterprüfung habe er bestanden, sagte er überglücklich. Er rechne sogar mit der Lizenz für eine eigene Werkstatt; der Bürgermeister habe ihm Hoffnungen gemacht, es gäbe ja wirklich kaum noch einen Klempner in Finsterwalde ... »Na, glaubst du bei uns?« fragte Lisbeth zurück. – »Brauchst du einen?« erkundigte er sich sofort. »Soll ich kommen?«

Er ließ sich wirklich von Zeit zu Zeit sehen und inspizierte ihre Wohnung. Reparierte den tropfenden Wasserhahn oder tapezierte die zwei Stuben. Wirklich, über einen Mangel an Handwerkern konnte sie nicht klagen. Hubert war Klempnermeister, andere ihrer früheren Sorgenkinder arbeiten heute als Tischler, Polsterer oder Stubenmaler. Alle sind Handwerker, fleißige Steuerzahler. Keiner ist rückfällig geworden. »So viele Erfolge, Lisbeth«, sage ich anerkennend. »Bist du nie von einem deiner Zöglinge ernsthaft enttäuscht worden?« – Lisbeth überlegt nicht erst lange. »Doch«, sagt sie, »einmal habe ich mich gründlich in einem Menschen geirrt.« Das sei kurz nach 1945 gewesen. Ein junges Ding sei aufgeregt zu ihr aufs Amt gelaufen – damals war sie noch Bürgermeisterin – und schluchzte ihr die Ohren voll. Ihre Mutter solle wegen Schwarzschlachtung eingesperrt werden. Wenn sie ins Gefängnis müsse, seien die fünf kleinen Geschwister allein zu Hause. Ihr Kummer war so echt, daß es Lisbeth ans Herz griff. Sollte hier tatsächlich ein Irrtum vorliegen? Gleich am nächsten Tag hängte sie sich ans Telefon, ließ alle ihre Verbindungen spielen, lief sich die Hacken wund ... und wirklich setzte sie durch, daß die Frau ihre Haft nicht antreten mußte. Freudestrahlend überbrachte sie dem Mädchen die gute Nachricht. Das Kind bedankte sich artig, verschwand – kam aber schon bald zurück, am Arm einen prallgefüllten Einkaufsbeutel. Strahlend legte sie die Tasche auf den Tisch, fing an, den Inhalt vor Lisbeth auszubreiten: drei dicke Würste kamen zum Vorschein und ein Stück schieres Fleisch, schon gespickt – Lisbeth lief der Speichel im Mund zusammen. »Ich weiß nicht, ob du begreifst, wie mir zumute war«, sagt sie zu mir. »Wir schoben Kohldampf damals. Ich hatte tagelang nur Wassersuppe in mich hineingewürgt, und hier brauchte ich bloß die Hand auszustrecken ... ›Raus!‹ brüllte ich plötzlich das Mädchen an. ›Mach, daß du mit dem Zeug verschwindest, und laß dich nie mehr hier sehen!‹ – Die Kleine gehorchte erschrocken – ich aber legte, kaum daß sie draußen war, den Kopf auf den Tisch und heulte Rotzblasen, konnte mich lange nicht beruhigen. Was war los mit mir? Heulte ich aus Wut über die versuchte Bestechung, aus Scham über meine miserable Menschenkenntnis – oder einfach, um mein Magenknurren zu übertönen? Wahrscheinlich war es alles zusammen, ich weiß es nicht mehr. Aber ich glaube, das ist meine einzige große Enttäuschung geblieben. Du weißt, ich habe immer an das Gute im Menschen geglaubt. Wenn man an das Gute appelliert, das in jedem Menschen steckt, schämt er sich, das Schlechte hervorzukehren. Die Schwarzschlachterin hatte nur Tiere geschlachtet, die ihr krank und irgendwie hinfällig vorkamen. Sie trat später in die Genossenschaft ein, qualifizierte sich zur Rinderzüchterin und hat bereits viele Preise gewonnen. Die Schieberbauern haben fleißig ihr Soll erfüllt. Die Zeiten ändern sich, und mit ihnen ändern sich auch die Menschen. Bei uns können sie sich zum Guten entwickeln. Ich prophezeie dir: Bald werden die Gerichte nichts mehr zu tun haben, werden Däumchen drehen ... Die Buntmetalldiebstähle und anderes gehören der Vergangenheit an.«

* * *

*N*och einmal, nicht lange vor ihrem Tod, wurde Lisbeth mit einem Fall konfrontiert, der ihren ganzen Einsatz erforderte. Eines Tages rief sie aufgeregt bei mir an: »Hast du heute schon die Zeitung gelesen?« Ich ahnte, worauf sie anspielte, denn auch ich hatte den Bericht über eine junge Mutter, die ihr zweijähriges Kind auf dem Dachboden eines Berliner Mietshauses ausgesetzt hatte und mit Freunden tanzen gegangen war, mit Befremden zur Kenntnis genommen. »Leichtsinnige Mutter trieb sich herum!« hieß die Überschrift. Aber die Mutter war erst siebzehn, wie man las. Sie hatte also schon mit fünfzehn ihr Kind bekommen, das heißt, sie war mit vierzehn geschwängert worden! Wer war denn der Schwängerer? fragte ich mich unwillkürlich. Vielleicht einer, der sich an dem unerfahrenen Mädchen vergangen und es seinem Schicksal überlassen hatte? Hat sich der sogenannte Vater um sein Kind gekümmert? Offenbar nicht, aber unsere Presse brach über die junge Frau sofort den Stab, stempelte sie voreilig zur Kriminellen! Je länger ich über den Fall nachdachte, um so mehr empörte mich die Berichterstattung. Vielleicht, sagte auch Lisbeth jetzt am Telefon, sei das Kind müde geworden, und die Mutter habe es in bester Absicht schlafen gelegt, während sie selbst noch ein paar Einkäufe erledigen wollte ... Später habe sie sich dann von Freunden, die ihr zufällig über den Weg liefen, dazu überreden lassen, mit zum Tanz zu gehen. Lieber Himmel – wer von uns ist mit siebzehn nicht gern tanzen gegangen? »Nein, das Ganze schmeckt mir nicht«, bekräftigte Lisbeth. Noch am selben Tage rief sie mich ein zweites Mal an: »Du, was meinst du, sollten wir uns die ›leichtsinnige Person‹ nicht mal näher begucken? Kommst du mit?« – Lisbeth hatte bereits in Erfahrung gebracht, daß Jutta in einem Dorf an der Oder wohnte, bei ihrer Mutter und zehn kleineren Geschwistern, die sie nach ihrer kürzlichen Übersiedlung aus der BRD bei sich aufgenommen hatten. Erst nach und nach erfuhren wir den Grund ihrer Übersiedlung: Sie hatte sich dem Zugriff des Jugendamtes entziehen wollen, das sie erneut ins Heim stecken wollte. Unsere Behörden hatten Jutta alle Wege geebnet; man vermittelte ihr sogar, trotz fehlender Vorkenntnisse, eine Stelle im Kindergarten, wo sie sich leicht zur Fachkraft hätte qualifizieren können. Aber Jutta enttäuschte alle Erwartungen, rückte mehrmals aus nach Berlin, suchte dort Männerbekanntschaften, bummelte die Nächte durch ... »Hat ihr das Kind keinen Halt geben können?« fragten wir den Mitarbeiter der Jugendhilfe, bei dem Juttas Akten inzwischen gelandet waren. Der bleiche junge Mann schüttelte bekümmert den Kopf. Jutta hätte ihr Kind in einem Heim zur Welt gebracht, erzählte er; gleich darauf habe man ihr das Kind weggenommen – wie sollte sie da Muttergefühle entwikkelt haben? Er erzählte uns Juttas Vorgeschichte, schilderte die trüben Eindrücke, denen Jutta bereits als Kind im bordellhaften Haushalt einer Tante ausgesetzt gewesen sei. Schon die Zwölfjährige sei an Männer verkuppelt worden. »Wir wußten, daß Jutta schwer verwahrlost war«, sagte der Jugendfürsorger, »aber hätten wir sie aufgeben sollen? Wir wollten ihr eine echte Alternative bieten, ihr die Chance zu einem sinnvollen Leben geben. Doch statt dessen ...« Er hob resigniert die Schultern, verstummte. – »Wo können wir Jutta finden?« erkundigte sich Lisbeth. Wir erfuhren, sie säße im Jugendgefängnis, sei noch am selben Tag verhaftet worden. – »Also besuchen wir sie dort«, sagte Lisbeth entschlossen. »Und du kommst mit, als meine Sekretärin«, bestimmte sie. Ich wußte, daß es Lisbeth als ehemaliger Richterin nicht schwerfallen würde, die Besuchserlaubnis zu erhalten, doch ich zögerte noch. Was versprach sich Lisbeth von dem Besuch? Diese Jutta war ein armes Geschöpf, das durch frühreife Erlebnisse verdorben war. »Glaubst du, daß sie vor uns auf die Knie fällt?« fragte ich ironisch. »Dumme Gans!« versetzte Lisbeth grob. »Die ganze Fahrt hierher wäre sinnlos, wenn wir abdampfen würden, ohne mit Jutta gesprochen zu haben. Ich muß wissen, was für ein Mensch sie ist. Hast du gehört, daß man ihr Kind ins Heim gesteckt hat? Wie lange soll das Würmchen da schmoren? Und wird Jutta ihr später eine bessere Mutter sein als bisher? Siehst du, das alles muß ich herausbekommen!«

Lisbeth und ich warteten im Besucherzimmer, einem weiß getünchten, sparsam möblierten Raum. Eine Wärterin führte Jutta herein. Ich weiß heute nicht mehr in allen Einzelheiten, wie die Unterredung verlief; sie wurde im übrigen meist nur von Lisbeth bestritten. Jutta bequemte sich allenfalls zu einem Ja oder Nein, oder sie deutete überhaupt nur durch eine Kopfbewegung Zustimmung und Ablehnung an. Man hätte sie rütteln und die Worte aus ihr herausschütteln mögen, die sie so störrisch in sich verschloß. Sie schien uns tief zu mißtrauen, hielt uns offenbar für Feinde, die nur darauf aus waren, ihr ein Geständnis zu entlokken, dessen es gar nicht mehr bedurfte, denn der Tatbestand lag klar auf der Hand, und es gab Zeugen, die über den Vorgang aussagen konnten. Lisbeth gab endlich ihre Bemühungen auf, ihr heute schon näherkommen zu wollen. »Es ist zwecklos«, sagte sie draußen zu mir, »ich muß ein andermal allein zu ihr gehen.« – Ich war verblüfft. »Du willst den Besuch wiederholen?« – »Aber ja«, sagte Lisbeth lächelnd, »das werde ich wohl müssen. Habe ich dir noch nicht gesagt, daß ich sie verteidigen werde?«

So war Lisbeth: Zäh verfolgte sie den einmal abgesteckten Weg, auch wenn er sich als dornig und struppig erwies. Sie sah, daß das schwer geschädigte Mädchen sie brauchte, und sie schonte sich nicht. In der Gerichtsverhandlung setzte sie durch, daß Jutta nur zu der Mindeststrafe – achtzehn Monate Jugendgefängnis – verurteilt wurde. Nach diesem Erfolg hätte sich Lisbeth getrost zurückziehen können, aber sie tat es nicht. Was sollte aus Juttas kleinem Mädchen werden? Lisbeth plädierte dafür, das Kind so schnell wie möglich an Adoptiveltern zu vermitteln, doch der Jugendfürsorger war dagegen. »Diese Sonja ist für Jutta der einzige Halt«, sagte er in seiner ruhigen, bedächtigen Art, »man kann ihr das Kind nicht einfach wegnehmen.« – »Haben Sie denn Jutta mal gefragt, ob sie ihr Kind noch will?« fragte Lisbeth dagegen. Ja, das hätte er, leider hätte sich Jutta nur ungenau zu der Frage geäußert. »Sie weiß selbst noch nicht, was sie will«, sagte er, »man muß ihr Zeit lassen. Ich hoffe, daß sie sich doch noch zur richtigen Mutter mausert.« – »Na, dann hoffen Sie mal«, versetzte Lisbeth sarkastisch. »Ich sage Ihnen ganz etwas anderes: Wenn Jutta aus dem Knast kommt, will sie sich erst einmal ausleben! Sie ist doch eine gesunde, stramme Person, mit einem starken Bedürfnis nach Sex. Ich wünsche ihr einen Kerl, der sie mehrmals am Tage vornimmt und ihr acht Kinder macht – danach besinnt sie sich vielleicht auf ihre Mutterpflichten. Aber keinen Tag früher! Und inzwischen ist die kleine Sonja, die ihrer Mutter nur eine Last ist, im Heim dem Hospitalismus verfallen. Wollen Sie das verantworten?«

Lisbeth konnte sich damals nicht durchsetzen. Juttas Kind mußte ins Heim, weil die Fürsorger sich darauf berufen konnten, daß ein Kind nur mit Einwilligung der Erziehungsberechtigten adoptiert werden dürfe, gleichgültig, ob sie sich um das Kind kümmerten oder nicht. Diese Bestimmung ist erst nach Jahren geändert worden. Das neue Gesetz hat vordringlich nur das Wohl des Kindes im Auge; Eltern, die ihr Kind vernachlässigen, haben ihren Anspruch verwirkt. Und da Jutta sich während ihrer Haft nicht um ihr Kind gekümmert hatte und nach Verbüßung ihrer Strafe sofort wieder in die Bundesrepublik übersiedelte – ohne ihr Kind –, konnte das Jugendamt endlich die Adoption vollziehen, und Sonja-Marietta fand ein glückliches Elternpaar. Sie soll sich, wie mir der Jugendfürsorger später erzählte, gut in die neue Familie eingefügt haben, und die DEFA drehte eines Tages sogar einen Film mit ihr.

Aber das hat Lisbeth schon nicht mehr erlebt. Ihr Herz machte ihr schon lange zu schaffen. Jetzt versagte es gerade in einem Augenblick, als Erich und durch ihn schnelle Hilfe nicht erreichbar waren. Als sie endlich auf seiner Station landete, kam schon jede Hilfe zu spät.

* * *

An einem Frühlingstag haben wir Lisbeth beerdigt. Es regnete seit dem frühen Morgen. Lisbeth hatte gewünscht, in Luckau, ihrem Geburtsort, begraben zu werden. Die kleine Stadt, unweit des Spreewaldes gelegen, mit ihren verwinkelten Gassen und der Backsteinkirche, hatte es ihr angetan, und in ihrer raren Freizeit war sie öfter mal für ein oder zwei Tage dorthin gefahren. In der nahen Gemeinde Cahnsdorf hatte sie aus ihrer Zeit als Bürgermeisterin noch viele Freunde. Alle waren gekommen, so daß die kleine Kapelle die vielen Trauernden kaum zu fassen vermochte. Die meisten der Anwesenden waren mir fremd. Einige ihrer Kollegen aus der Justiz waren da; sie waren offenbar mit dem Kleinbus angereist, der vor dem Friedhofstor parkte. Anderen – Männern in altmodischen Gehröcken und Frauen mit schwarzen Kopftüchern, deren Füße in derben Stiefeln steckten – sah man die ländliche Herkunft an. Erich, neben seiner zweiten Frau Irene, hielt die Trauerrede. Er sprach einfach, fast nüchtern und mit einer Hast, als könne er es nicht erwarten, zum Ende zu kommen. Nur der Art, mit der er sich trotz der klammen Kälte, die am Grab herrschte, wieder und wieder über die Stirn fuhr, konnte man entnehmen, wie erregt er war -- oder besser: wie bewegt. Mit starrer Miene nahm er die Kondolenzen entgegen. Auch mir schüttelten viele die Hand, die meisten wußten wohl von Lisbeth, welch enge Freundschaft uns verbunden hatte. Ich hielt nach Hubert Ausschau, dem ehemaligen »Kirchenräuber«, der sicher aus Finsterwalde gekommen war, und wirklich entdeckte ich ihn inmitten eines Menschenknäuels, das sich jetzt langsam auf den Friedhofsausgang zu bewegte. Neben ihm ging seine bebrillte, leicht hinkende Ehefrau, und wie es aussah, führten sie sogar ihre zwei Kinder mit sich; das etwa zehnjährige Mädchen aus Huberts erster Ehe und den strammen Stammhalter, den Elsa ihm geboren hatte. Aber jetzt bog die ganze Gruppe um die Ecke und entschwand meinen Blicken.

Auch ich wandte mich langsam zum Gehen, wurde aber noch einmal von einem Mann unbestimmbaren Alters, aber wohl nahe an die Fünfzig, der im letzten Moment aufgeregt auf mich zukam, zurückgehalten. »Sie wissen nicht, wer ich bin?« fragte er, nachdem er hastig die übliche Beileidsfloskel heruntergeleiert hatte. »Natürlich, woher sollten Sie auch ...«, fügte er hinzu, und wie um die Spannung zu erhöhen, räusperte er sich lange und ausgiebig, bevor er endlich mit der Nachricht herausrückte, daß er der Todeskandidat sei ... »Na, Sie wissen schon«, sagte er, »die Frau Richterin hat mir mal das Leben gerettet. Ich war zum Tode verurteilt, gleich nach 1945, sollte gehenkt werden – aber die Frau Richterin hat durchgesetzt, daß ich begnadigt wurde!« Seit Jahren sei er nun frei, fügte er hinzu, und seither habe er keinen Tag hingehen lassen, ohne nicht in Dankbarkeit der Frau Richterin zu gedenken, die er heute die Ehre gehabt habe, unter die Erde zu bringen. Schon vor Tagen habe er alles dafür vorbereitet, denn die Erde sei ja leider schon gefroren, obwohl erst November sei ...

Er arbeitete hier als Totengräber, war Angestellter der Friedhofsverwaltung, wie er mir erzählte. »Na ja, als ehemaliger Zuchthäusler«, erklärte er, »konnte man nach der Entlassung nicht wählerisch sein. Übrigens habe ich an meinem Job gar nichts auszusetzen. Ich habe mein gesichertes Auskommen, meine Arbeitskraft ist gefragt, denn gestorben wird immer ... Aber entschuldigen Sie mich«, unterbrach er sich, »ich muß weg. Sie sehen, man braucht mich ... Ich hatte Ihnen nur kurz Guten Tag sagen wollen.« Stülpte sein Käppi über den geschorenen Schädel und verschwand genauso plötzlich, wie er gekommen war.

Ich sah ihm lange nach. So waren sie also alle gekommen, dachte ich, die Lisbeths Leben ausgefüllt hatten. Um die sie gerungen, deren Schicksal sie entscheidend verändert und in geordnete Bahnen gelenkt hatte. Noch einmal hatte uns das Begräbnis zusammengeführt, aber ich ahnte schon, daß es das letzte Mal war. Das Leben würde uns trennen, jetzt, da uns Lisbeth nicht länger zusammenhielt. Und gleich einer Garbe, von der man das Bindegarn löst, würden wir in verschiedene Richtungen auseinanderfallen.

Ich hatte meinen Wagen in einer Nebenstraße geparkt, aber ich ließ ihn stehen und ging, trotz des Regens, noch eine Strecke zu Fuß. Ich mußte mit mir und meinen Erinnerungen an die tote Freundin allein sein. »Ich habe bald nichts mehr zu tun«, hatte Lisbeth kürzlich zu mir gesagt. »Es wird keine Kriminellen mehr geben.« Ach Lisbeth, denke ich wehmütig. Sie hat sich ein Leben, in dem Drogensucht, Banküberfälle, Terrorismus und Geiselnahmen zum Alltag gehören, wie neuerdings auch bei uns, niemals vorstellen können. Bis zuletzt hielt sie an ihren Idealen fest, deren Verwirklichung sie sich bereits so nahe wähnte.

Auf einmal war ich erleichtert, sie dort unter der Erde zu wissen, in einem Sarg, der mit Kränzen und bunten Blumen schier überladen war, als ob man sie abschirmen wollte gegen eine Umwelt, die nicht mehr die ihre war.

2001

Lesen heißt auch lernen!
Die Dorfbibliothekarin Karin Wilske
(geb. 1925)

Vor einem Menschenalter, 1957, hatte ich sie kennengelernt. Das Zentralinstitut für Bibliothekswesen hatte die Büchereileiter aus den Kreisen und Gemeinden zu einer Landkonferenz nach Güstrow eingeladen; die Bibliotheksarbeit auf dem Lande sollte verbessert werden. Viele gescheite Referate waren schon gehalten worden, und noch immer bestieg einer nach dem anderen die Rednertribüne. Unter den Zuhörern im Saal saß eine vielleicht dreißigjährige Frau in einem einfachen Sommerkleid, mit prallen Bakken und straff zurückgekämmten Haaren. Durch die lebhaften Gebärden, mit denen sie in aller Unbefangenheit die Worte der Redner bald zustimmend, bald unwillig unterstrich, lenkte sie die allgemeine Aufmerksamkeit auf sich. In der Diskussion meldete sie sich zu Wort. Der Versammlungsleiter warf einen Blick auf den Zettel mit ihrem Namen. »Es spricht jetzt die werktätige Einzelbäuerin und nebenberufliche Büchereileiterin Karin Wilske aus Rosow, Kreis Angermünde«, sagte er.

Zwei Sekunden später stand die Angekündigte – ein wenig außer Atem – auf dem Podium, ließ den Blick ihrer hellen Augen eine Minute lang über die Versammlung gleiten und begann dann ohne jede Vorbereitung, frisch von der Leber weg, wie ihr die

Worte in den Sinn kamen, draufloszureden: »Geehrte Versammlungsteilnehmer! Vor mir hier haben alles kluge Leute gesprochen, die im Bibliothekswesen ausgebildet sind. Ich bin ein Laie auf dem Gebiet, bin im Hauptberuf Bäuerin. Dennoch möchte ich Ihnen einiges über unsere Gemeindebücherei sagen. Zuerst jedoch etwas anderes. Der Ort, aus dem ich komme, hat 500 Einwohner, er liegt direkt an der polnischen Grenze, da, wo sich die Füchse gute Nacht sagen. Wir haben viertausend Morgen landwirtschaftliche Nutzfläche mit einer Bodenwertzahl von neununddreißig im Durchschnitt. Die eine Hälfte des Bodens gehörte früheren Großbauern, die nach dem Westen gegangen sind; das Land wird jetzt vom Ort und vom Kreis bewirtschaftet. Die andere Hälfte: das sind dreißig einzelbäuerliche Betriebe von fünf bis zehn Hektar und drei oder vier Betriebe unter fünf Hektar. Die Bücherei ist in einem ganz kleinen Raum an der Rückseite der Post untergebracht. Mit diesem Raum hat es eine ganz besondere Bewandtnis. Ich habe ihn nämlich nur bekommen, weil ihn sonst niemand haben will. Im Dorf erzählt man, daß es dort spukt ...« Hier mußte sich die Rednerin unterbrechen. Verblüfft blickte sie in den Saal, aus dem ihr schallendes Gelächter entgegenklang. Sie wartete geduldig, bis sich die Unruhe gelegt hatte, dann fuhr sie eifrig fort: »Ich möchte noch etwas zu dem sagen, was der Kollege vor mir angeschnitten hat, und was auch für die Arbeit in der Bücherei sehr wichtig ist. Ich war mir ja nie so recht im klaren darüber, was ein Büchereileiter alles tun muß, und ich habe heute wieder einiges hinzugelernt. Das sind ja eine Menge Aufgaben. Ich habe es zu Hause so schon kaum geschafft und habe mir deshalb ein Leseraktiv herangebildet, denn es ist doch klar – ich habe es in der FDJ erlebt –, es arbeitet sich nie so leicht wie in einem Kollektiv, das einigermaßen aufeinander eingestellt ist. Die Zeit für die Büchereiarbeit ist bei mir begrenzt und bei vielen anderen sicher auch.

Natürlich macht es im Moment viel Arbeit, sich ein Leseraktiv zu schaffen, vor allen Dingen auch, wenn man selbst nicht recht Bescheid weiß. Aber wenn sich alle eingearbeitet haben, ist es eine ungeheure Erleichterung für den Büchereileiter. Unser Leseraktiv besteht aus fünf Personen, und zwar aus je einem Vertreter aus jedem Interessenkreis. Der Jüngste ist acht Jahre alt, ein Junge, der die Interessen der kleinen Leser vertreten soll. Er muß aufpassen, daß die Finger sauber sind, daß die Kinder nicht in der einen Hand die Marmeladenstulle und in der anderen das Buch halten. Über den Zustand sind wir hinaus. Die Hauptarbeit leisten zwei vierzehnjährige Mädchen aus der Zentralschule, sie sind im achten Schuljahr. Dann haben wir noch einen jungen Landarbeiter im Aktiv, den Spitzenleser unserer Gemeinde, er hat es auf neunundachtzig Bücher im Jahr gebracht, und als Vertreterin der Erwachsenen eine etwa fünfundvierzigjährige Landarbeiterin. Wir sind bei uns in Rosow darangegangen ...«

Es war meine erste Begegnung mit Karin Wilske. Nachdem sie noch eine Zeitlang so freimütig von ihren Erfahrungen berichtet hatte, schloß sie abrupt, gerade als die Zuhörer es am wenigsten erwartet hatten. Der Beifall brauste erst auf, als sie längst wieder auf ihrem Stuhl saß, rotbäckig und strohhaarig wie zuvor und nicht im mindesten ahnend, daß ihre einfachen Worte und ihre unbestechliche Art zu sehen selbst den geschliffensten Vortrag auf dieser Konferenz in den Schatten gerückt hatten.

Von ihrem zweiten Auftreten am Abend desselben Tages erfuhr ich erst viel später. Es hatte in Güstrow ein Forum mit Schriftstellern stattgefunden, zu dem auch Karin Wilske eingeladen war. Die Bibliothekare sollten einigen Autoren, die über das Dorfleben geschrieben hatten, ihre Meinung über diese Bücher sagen. »Also, wenn es nach mir ginge«, rief Karin impulsiv, »hätten manche ihren Nationalpreis nicht bekommen. Ist das der Klassenkampf, wie er sich bei uns auf dem Dorfe abspielt? Die Schriftsteller machen es sich ein bißchen zu leicht. Kommt doch zu uns, ihr Bücherschreiber, und seht euch bei uns um! Seht euch an, wie die Reaktion überall zu stören versucht! Das ist bis in unsere Bücherei zu spüren ...«

Und sie fing an zu erzählen: »Im ersten Jahr, nachdem ich die

Bücher erst einmal aus der Ecke, wo die Mäuse sie anfraßen, hervorgeholt hatte, wurde der Druck immer stärker, und es haben sich in den Spitzenzeiten – so voriges Jahr um diese Zeit – Dinge ereignet, daß ich schon den Gedanken faßte, den Bürgermeister als Vertreter der Staatsgewalt zur Verstärkung heranzuholen. Ich habe es mir dann doch wieder überlegt. Du mußt sehen, ob du nicht allein damit fertig wirst, habe ich mir gesagt, denn sonst leidet die Autorität des Büchereileiters. Das ging alles so weit, daß von der Reaktion die Rabauken des Ortes vorgeschickt wurden. Die Hauptrolle spielte der Sohn eines ehemaligen Großbauern. Sie kamen in die Bücherei, schmissen die Bücher durcheinander, knallten die Tür zu, daß die Scheiben zersplitterten, organisierten Tumultszenen und ähnliche ›Scherze‹ mehr. Ich wurde dann aber energisch, und es ging. Es hat etwas nachgelassen. Die Herrschaften haben gemerkt, daß sie auf diese Weise nicht weiterkommen. Aber glaubt bloß nicht, daß alle Feinde inzwischen Freunde geworden sind! Die sitzen im Hinterhalt und lauern auf den Augenblick, wo sie uns eins auswischen können. Wenigstens bei uns in Rosow.«

Ich hatte damals längst beschlossen, mir dieses Rosow und seine temperamentvolle Büchereileiterin mal aus der Nähe anzusehen. Aber wie das so ist – es verging geraume Zeit, ehe ich mein Vorhaben ausführen konnte. Eines Tages war es dann soweit. Ich hatte mir den Weg nach der Landkarte genau eingeprägt, und als ich von der Autobahn herunterkam, fand ich alles so, wie es Karin Wilske geschildert hatte: Das kleine Dorf wie am Ende der Welt, dicht an der Staatsgrenze, hinter den Wachtürmen und hinter den Häusern der Grenzpolizei, die die Straße in einer scharfen Kurve umfährt, ehe sie in die Gemeinde mündet.

Die Landschaft erschien auf den ersten Blick spröde; wenig anziehend die eintönig sich dehnenden Felder, die nur hin und wieder von einer Birkengruppe unterbrochen werden. Viel später bin ich einmal mit Karin durch die Gegend gestreift, und mit ihren Augen gesehen erschien alles in einem ganz besonderen Reiz:

das von mächtigen Eichen umfaßte Rund hinter der Grenze zur Volksrepublik Polen, wo früher die elterliche Gärtnerei gestanden hatte; die Weiden, auf die sie die Kühe hinaustrieb; die von Erlen umstandenen Tümpel, das Badeparadies ihrer Kinderjahre; ja, selbst die plumpen Feldsteine, auf denen sie stundenlang hat sitzen und träumen mögen, während die Kühe neben ihr im Gras lagen und geruhsam wiederkäuten ...

Das neue Haus der Wilkes steht am Dorfeingang. Zuerst war die Arbeit hier ziemlich schwer, denn das zu ihrer Siedlung gehörende Land lag eine halbe Stunde Fußmarsch entfernt. Erst durch die spätere Flurbereinigung im Zusammenhang mit der Gründung der LPG wurde das anders.

Ich hatte mit Karin brieflich vereinbart, daß ich am Abend, wenn die Bauern von den Feldern gekommen sind, vor einem Kreis Interessierter aus meinen Büchern lesen würde. Jetzt war erst früher Nachmittag. Aber obwohl nach einer Reihe von Regentagen endlich die Sonne schien und die Feldarbeit drängte, hatten es sich die Wilkes nicht nehmen lassen, meinetwegen geduldig zu Hause auszuharren. Als ich ankam, standen sie alle am Gartentor: Karins Eltern, ein Ehepaar in den Fünfzigern, der Bauer in Schaftstiefeln und mit der Arbeitsjoppe, von der ein kräftiger Stallgeruch mir entgegenströmte, und die Bäuerin, eine noch reizvolle Frau mit angegrauten Haaren, die sofort mit einem Redeschwall auf mich eindrang. Karin blieb etwas im Hintergrund. Mit gekrauster Stirn und aufeinandergepreßten Lippen stand sie in ihrer Arbeitshose neben ihrem jüngeren Bruder Axel, einem Oberschüler, wie ich später erfuhr, der aus dem Internat eigens herübergekommen war.

Im Triumph führten sie mich in die Küche, wo ein mächtiger Teller mit zurechtgemachten Broten und Berge von Kuchen auf uns warteten. Während das Kaffeewasser siedete, die Feuerung im Herd bullerte, Katzen mit leisem Miauen um unsere Beine strichen, ging die Hausfrau hin und her, um unserer ersten gemeinsamen Mahlzeit den letzten Schliff zu geben. Man fühlte sich sofort heimisch. Wieder einmal genoß ich das schöne Gefühl, das uns Schriftsteller jedes Mal überkommt, wenn wir sehen, daß wir auch in der entlegendsten Gemeinde Freunde haben, nicht zuletzt darum, weil emsig tätige Bibliothekare, wie auch Karin eine ist, unsere Bücher an die Leser bringen. Dennoch schmeichelte ich mir nicht, daß die fürsorgliche Freundlichkeit, mit der mich die Wilkes umhegten, nur mir persönlich galt. Ich war mir wohl bewußt, daß sich in ihrer Haltung der achtungsvolle Respekt ausdrückte, den sie der ganzen Gilde der Bücherschreiber entgegenbrachten und der sich nur zufällig auf mich entlud als der ersten Vertreterin dieser Gilde, die nach Rosow gekommen war.

Übrigens war der Abend erfolgreich. Nur Karin war unzufrieden. Finster saß sie neben mir im Gemeindesaal an dem kleinen Lesetisch, den sie, gleich dem Katheder in einem Schulzimmer, quer vor die Bänke plaziert hatte. Wie eine Lehrerin, die ihre Schar in Zucht hält, ließ sie ihren strengen Blick über die Ankömmlinge gleiten, die sich nur schüchtern über die Schwelle schoben. Alte Mütterchen, wettergebräunt und verhutzelt, kamen da herein, neben bärtigen Männergestalten. Hier und da sah man ein freches Jungengesicht, während sich die Mädchen kichernd in die Ecken drückten.

Karin bedachte jeden Neueintretenden mit einem Kommentar. »Die kommen nur aus Neugierde«, sagte sie, als ein junges Ehepaar eintrat. »Lassen sich schon seit Monaten nicht mehr bei der Ausleihe sehen. Aber solch Abend wie heute, das zieht natürlich.« Beim nächsten Besucher bemerkte sie: »Mit dem habe ich neulich beim Rübenverziehen diskutiert. Habe ihm den ganzen Inhalt der ›Leute von Karvenbruch‹ runtererzählt. Aber das Buch hat er sich doch nicht geholt. – Der Bürgermeister ist auch da«, verkündete sie einen Augenblick später. »Ich hatte ihm angedroht, daß ich ihn aus dem Bett holen und in Unterbüxen hierherschleppen würde! Seine Frau hätte er man getrost mitbringen sollen ... Wie, der Rotkopf ist auch gekommen? Dem habe ich erst gestern einen Schmöker um die Ohren gehauen.«

Ihre Laune besserte sich nicht, obwohl die Bankreihen sich langsam füllten, die Aufmerksamkeit der Zuhörer nichts zu wünschen übrig ließ und sogar etwas wie eine Diskussion in Gang kam, die sich bis gegen Mitternacht hinzog.

»Ich sehe nur die, die nicht da waren«, sagte Karin auf dem Heimweg, und ihre Mutter fügte hinzu: »Sie müssen wissen, Karin hat sich buchstäblich aufgeopfert. Schon seit Wochen wirbt sie für den heutigen Abend, ist von Haus zu Haus gelaufen, hat jeden angesprochen. An Karins Aktivität gemessen, ist der Erfolg gering. Aber man darf nicht gleich zu viel verlangen.«

Ich blieb auch den nächsten Tag in Rosow; wollte Karin im Umgang mit den Büchern sehen. Am Abend sollte Ausleihe sein. Tagsüber wirtschaftete sie in den Ställen herum, kochte das Futter fürs Vieh, besorgte die Hühner – die Mutter war an ihrer Statt aufs Feld gegangen. In der Futterküche zwischen Säcken wühlend, unterhielt sich Karin mit mir. Wir waren unwillkürlich auf die Landkonferenz zu sprechen gekommen. Ob ihr die Konferenz genutzt habe, wollte ich wissen; ob sich ihre Arbeit seither verbessert habe?

Sie ließ die Arme sinken. »Ein Stück schlauer bin ich geworden«, antwortete sie in ihrer knappen, fast schroffen Art. »Vieles habe ich hinterher anders gemacht. Auch habe ich auf der Konferenz gemerkt, wie wenig Ahnung manche Leute von der Arbeit an der Basis haben. Es war gut, mal die Meinungen auszutauschen. Wir hatten Gespräche und Debatten bis auf den Lokus. Sie haben mich übrigens ›abwerben‹ wollen. Nach Berlin wollten sie mich holen, in irgendein zentrales Büro. ›Damit einer weniger im Dorf die Kleinarbeit macht?‹ habe ich erwidert. Natürlich bin ich lieber hiergeblieben.«

»Wie steht es mit der Ausleihe von Fachbüchern?« fragte ich Karin. »Ist sie gestiegen?« Ich erinnerte mich, daß auf der Landkonferenz immer wieder von den Schwierigkeiten, das landwirtschaftliche Fachbuch an den Mann oder die Frau zu bringen, die Rede gewesen war.

Karin setzte sich auf den Melkschemel, legte die Hände aufs Knie und blickte zu mir auf: »Ich sehe nicht so schwarz wie meine ›Kollegen‹«, sagte sie. »Wissen Sie, das ist so: Wer selber keine Ahnung hat und wenig mit der Landwirtschaft verbunden ist, der kann natürlich auch nicht für das Fachbuch werben. Bei mir ist das zum Glück anders – aber ich muß zugeben, das war nicht immer so. Ich bin selbst erst durch zwei Lehrgänge, an denen ich teilnahm, auf Fachbücher über Tierkrankheiten und Bodenfruchtbarkeit, über Futtertabellen und Eiweiß-Stärke-Verhältnisse und was es da alles gibt, aufmerksam geworden – und erst seitdem kann ich ein Fachbuch auch anderen empfehlen. Das beweist ja immerhin«, meinte sie schmunzelnd, »daß unser Staat das Geld, das er für die Lehrgänge ausgibt, nicht zum Fenster hinauswirft. Habe ich nicht recht?«

Wie Karin Wilske mit dem Fachbuch arbeitete, davon konnte ich mich später selbst überzeugen. Auf unserem Nachmittagsspaziergang machten wir einen Abstecher in die zwei Kilometer entfernte Neubauernsiedlung. Karin hatte sich einen Packen Bücher, darunter auch Fachlektüre, unter den Arm geklemmt. »Ja, anders geht's nicht«, erklärte sie. »Zum Abholen sind die Brüder viel zu faul und träge. Vielleicht habe ich sie auch verwöhnt. Ich pilgere Woche für Woche zu ihnen hinaus und liefere die Bücher ›frei Haus‹. So, jetzt gehen wir hier mal hinein.« Sie stieß die Türe auf.

In der Küche war nur die Bäuerin. Sie stand am Waschfaß. Umständlich wollte sie sich die Hände abtrocknen, doch Karin kam ihr zuvor, indem sie einfach ihren nassen Arm ergriff. »Laß man sein, Bärbel«, sagte sie, »wir wollen nicht lange stören. Habt ihr das Buch ausgelesen?« Sie bemerkte erst jetzt, daß das Bibliotheksbuch schon auf dem Fensterbrett bereitlag, und nahm es an sich. »Handbuch für den Genossenschaftsbauer«, las ich.

»Diesmal lasse ich euch nur das kleine Heft über die Schweinepest hier«, sagte Karin. »Wird deinen Mann interessieren, er will doch mal Schweine züchten. Sag ihm, daß er viel hieraus lernen kann.«

»Wir haben auch aus dem da viel gelernt«, erwiderte die Bäuerin. »Wir haben's uns gegenseitig vorgelesen, und hinterher haben wir uns darüber unterhalten. Jetzt wissen wir sehr viel besser Bescheid.« – »Siehst du«, sagte Karin Wilske befriedigt, »so muß es auch sein. Ihr sollt ja später, in der sozialistischen Landwirtschaft, vielleicht einmal einen Großbetrieb leiten. Da müßt ihr beschlagen sein.«

Draußen hüllte sie den »Genossenschaftsbauer« sorgfältig in einen Bogen Zeitungspapier. »Den ganzen Winter über war das Buch in der Siedlung«, erzählte sie mir. »Es ging von Hand zu Hand, viele haben mich gefragt, wo sie es kaufen können – so groß ist das Interesse. Auch in der Bücherei liegen schon eine Menge Voranmeldungen. Überhaupt muß ich sagen: Unsere Bauern, die ja Neubauern sind und frühere Landarbeiter, kann man ganz gut an ein Fachbuch heranbringen. Wenn die Lehrbücher bloß nicht immer so dick wären und so schwer verständlich! Sie glauben gar nicht, wie niedrig der Wissensstand auf dem Dorfe oft noch ist. Kein Fremdwort wird verstanden. Alles und jedes muß bis ins kleinste erklärt werden. Es ist manchmal schwer. Aber gerade hier muß ja die Arbeit der Bücherei einsetzen. Ich habe mit meinen Bauern vereinbart, daß sie jedes Fremdwort, das sie nicht verstehen, auf einen Zettel schreiben, und mit Hilfe eines Wörterbuches oder Lexikons klabüsern wir dann gemeinsam heraus, was gemeint ist. Damit sind wir bisher ganz schön weitergekommen.«

Wir hatten uns auf unserem Rundgang verspätet, und als wir kurz vor neunzehn Uhr wieder zu Hause anlangten, empfing uns Karins Mutter mit sanftem Vorwurf. »Die Kinder haben schon draußen krakeelt: ›Karin, Karin, wo bleibst du?‹ Jetzt habt ihr keine Zeit mehr fürs Abendessen.«

»Das bin ich gewöhnt«, lachte Karin. »Freitags, wenn Ausleihe ist, muß ich immer hungern. Die Bande gibt ja keine Ruhe.«

Aber als wir vor die Tür traten, war die Straße wie leergefegt. »Das ist Ihretwegen«, sagte Karin zu mir. »Wahrscheinlich wollen sie bei Ihnen einen guten Eindruck schinden.«

In der Bücherei war von solchem Bestreben nicht mehr viel zu spüren. Wie ein Heuschreckenschwarm fielen die Jungen und Mädel, kaum daß sich die Tür geöffnet hatte, über Karin her, knallten die mitgebrachten Bücher auf den Tisch, stürzten sich auf die Schränke und kramten neue heraus. Karin hatte alle Hände voll zu tun, um alles in ihrer Karthotek nachzutragen. Ich vermißte ihre Helfer aus dem Leseraktiv.

»Unser Spitzenleser ist zur Volkspolizei gegangen«, antwortete sie mir zwischen zwei Eintragungen, ohne den Kopf zu heben. »Die beiden Vierzehnjährigen sind in Schwedt auf der Oberschule, und die Landarbeiterin hat im Februar ein Kind bekommen ... Ja, unsere Rosower Frauen sind sehr gebärfreudig«, sagte sie leiser zu mir, da der erste Ansturm der kleinen Leser inzwischen bewältigt schien.

»Na, Traudel«, wandte sie sich an ein Mädchen, das geduldig in der Ecke stand, »haben wir dich wieder vergessen? – Traudel ist still«, erklärte sie mir, »und die Stillen kommen immer zuletzt dran. Das ist ganz ungerecht.« Sie gab dem Mädchen »Die Kumiaks und ihre Kinder« von Hans Marchwitza. »Das nimmst du Oma mit.« Traudel selbst erhielt »Sally Bleistift in Amerika« von Auguste Lazar.

In der letzten halben Stunde kamen die erwachsenen Leser. Fünfundzwanzig zählte ich diesmal, fast alles Frauen. Während Karin mit ihnen beschäftigt war – »ja, das lies mal, Waltraud, das liest sich wie Butter, das geht dir ganz leicht ein, da brauchst du dich nicht zu plagen« –, tobten ein paar Halbwüchsige auf dem Flur herum. Sie schlugen mit den Türen, schalteten das Licht ein und aus, versuchten auf alle mögliche Weise sich bemerkbar zu machen. »Das sind unsere Rabauken«, erklärte mir Karin. »Ich habe schon alles versucht, um sie zu erziehen, habe ihnen keine Bücher gegeben, habe ihnen auch schon mal ein paar gescheuert. Aber das hilft alles nichts. Die kriegen zu Hause so viel Dresche – da müßte ich schon die Kohlenschippe nehmen. Meistens hören sie von selber auf, wenn man sich nicht um sie kümmert.«

Eine junge Frau legte einen Packen Bücher auf den Tisch, wollte aber kein neues mitnehmen: »Ich muß jetzt lernen.«

»Beim Lesen lernst du auch«, rief Karin ihr nach. Aber die Frau war schon wieder draußen. »Sie macht ihren Facharbeiterbrief«, bemerkte Karin, »steht kurz vor der Prüfung. Da werde ich wohl eine Weile auf sie verzichten müssen.« Sie machte einen entsprechenden Vermerk auf der Karteikarte.

Die Bücherei in Rosow zählte 1958 hundertfünfzig Leser. Karin hatte den Ehrgeiz, die Leserzahl auf zweihundert zu erhöhen. »Wenn wir nur mehr Bücher hätten«, sagte sie. »Es fehlen Liebesromane, Kriminalromane, gute Kinderbücher. Seit einiger Zeit bin ich hinter unseren Gemeindevertretern her. Habe ich sie erst mal als Leser gewonnen, dann ist mir um unseren Buchbestand nicht mehr bange. Dann sind sie nämlich selber an einer größeren Auswahl interessiert und bewilligen mir leichter das Geld für den Bücherkauf.«

Sie erzählte mir von den ersten Anfängen der Gemeindebibliothek. Damals gab der Lehrer abends – in der Dunkelkammer – ein paar Bücher aus. Eine Kiepe voll, mehr waren es nicht. Im Handumdrehen hatte Karin die Bücher ausgelesen.

»Was nun? Lesen wollte ich. Ich hatte immer schon großes Interesse für Bücher, nur hatte ich früher, bis 1945, niemals Zeit zum Lesen. Jetzt sollte das anders werden. Ich ging also zur Kreisbibliothek nach Angermünde, erzählte dort, wie es bei uns aussah und erklärte mich bereit, die Bücherei in Rosow in Schwung zu bringen. Die in Angermünde fürchteten vielleicht, daß ich ihnen Konkurrenz machen wollte, jedenfalls ließen sie nichts von sich hören. Da sprach ich mit dem Lehrer. Der war froh, daß er die Arbeit los wurde und sagte zu allem ja. Ich zog also mit der Bücherkiepe in den Vorraum des ›Gesundheitszimmers‹, dann hierher in die Post. Ich stellte die Bücher in einen Schrank, machte die Türen weit auf und hatte die Absicht, jeden nach Herzenslust wühlen zu lassen. Aber es kam gar keiner, niemand nahm von unserer neuen Bibliothek Notiz. Da habe ich mich Abend für Abend vor die Tür gestellt und jeden Vorübergehenden angesprochen. Oft habe ich den Leuten den ganzen Inhalt eines Buches erzählen müssen, bevor sich einer bequemte hereinzukommen. Aber am nächsten Abend kamen schon zwei. Und dann erschienen immer mehr, die zähe Arbeit begann Früchte zu tragen. Im vergangenen Jahr habe ich ungefähr zweitausend Bücher ausgeliehen. Die meisten habe ich selbst gelesen, und ich kenne auch meine Leser. Ich weiß genau, welches Buch ich dem oder jenem in die Hand geben darf, und das ist meiner Ansicht nach die erste Voraussetzung für eine gute Büchereiarbeit.«

Wir wurden in unserer Unterhaltung durch Karins Mutter gestört, die den Kopf zur Tür hereinsteckte. Sie zögerte einzutreten, sie war noch in ihrer Küchenschürze, die Füße steckten in Holzpantinen. Sie war nur rasch hergekommen, um uns die Abendbrotschnitten zu bringen. »Ihr verhungert mir ja noch«, sagte sie vorwurfsvoll. Karin schloß den Kasten mit den Karteikarten in den Schrank und zog den Schlüssel ab. »Laß man die Stullen stecken, Mutter«, sagte sie, »hier ist sowieso jetzt Schluß. Und zu Hause klönt es sich besser.«

Am Familientisch kamen wir auf alte Zeiten zu sprechen. Die Eltern Karins, erfuhr ich, sind seit 1928 Sozialisten, ihre Kinder »wurden mit der Politik großgezogen«. Karin erinnerte sich noch an Saalschlachten nach 1939, an Haussuchungen, an heiße Diskussionen im elterlichen Wohnzimmer. »Die Stube war immer voll von Knechten und Kuhstallgestank«, sagte sie drastisch.

Damals gab es im Ort dreiunddreißig Genossen. Ende 1944 erhielt die Familie durch den Beauftragten für Bergung und Räumung bei der Kreisleitung der NSDAP Greifenhagen – das »Dokument« ist bis heute erhalten geblieben – den Befehl, den Heimatort zu räumen. Vater Wilske war Soldat, die Mutter flüchtete – notgedrungen – mit ihren vier Kindern nach Mecklenburg. Schon am 8. Mai 1945 war sie wieder zu Hause, die Gemeinde wählte sie zur Bürgermeisterin. Im Zuge der Bodenreform wurde das ehemalige Gut von Neu-Rosow auf zwölf Siedler aufgeteilt; die Familie Wilske, deren Gärtnerei im polnischen Gebiet lag, erhielt achteinhalb Hektar Neubauernland.

»Wohnen mußten wir im Pastorhaus«, erzählte Karin. »Aber wir zogen bald wieder aus, weil Mutter die Litanei nicht mitanhören konnte. 1950 konnten wir unser eigenes Heim beziehen.« –

»Jetzt hast du die schlimmsten Jahre übersprungen«, verbesserte Frau Wilske lebhaft. »Das Oderland war Notstandsgebiet. Erst im Sommer 1946 erhielten wir aus Thüringen die erste Kuh. Nach einem Brot lief Karin fünfundzwanzig Kilometer weit. Unsere Gemeinde war auf über tausend Einwohner angewachsen, und aus den vorbeiziehenden Flüchtlingstrecks kamen immer neue hinzu, die, die nicht mehr weiterkonnten. Typhus brach aus! Jeden Tag begruben wir einen Toten. Daß ich damals – als Bürgermeisterin – nicht verzweifelt bin, habe ich unserem sowjetischen Kommandanten zu verdanken. Der hat es verstanden, mir immer wieder Mut zu machen.«

»Mutter war großartig als Bürgermeisterin«, erzählte Karin. »Aber sie wurde allmählich den Reaktionären unbequem. Einmal wurde sie auf dem Hof eines Großbauern, der inzwischen längst getürmt ist, vom Hund gebissen; sicher hat der Kerl die Bestie auf sie gehetzt. Das Bein wurde sehr schlimm, und Mutter mußte ihr Amt niederlegen. Damals war auch Vater gerade zurückgekommen. Ich weiß das noch wie heute: Morgens hatte die Kuh gekalbt, und abends kam Vater nach Hause. Damit hatte die Not ein Ende. Da auch meine jüngeren Brüder Gustav und Ludwig heil zurückkamen – Axel war noch ganz klein –, konnten wir endlich zu wirtschaften anfangen. Wir Jungen stürzten uns auf die Jugendarbeit. Gustav konnte großartig organisieren. Wir gründeten eine Laienspielgruppe, brachten durch Kulturveranstaltungen zweitausend Mark zusammen. Mit zweiundvierzig Jugendlichen fuhren wir zu den Weltfestspielen nach Berlin ...«

Während Karin erzählte, stand sie auf und ging zum Schrank. Sie kam mit dem Familienalbum zum Tisch zurück. Langsam blätterten wir um ... Da war Karin als Schulanfängerin in Rosow, später als Schülerin der Mittelschule in Stettin. Bilder von den Brüdern folgten; von der Gärtnerei; vom Einzug in das neue Haus.

Ein Foto fiel zur Erde. Während Karin es aufhob, betrachtete sie nachdenklich die drei Reihen frischer lachender Burschengesichter, die ihr aus dem Gruppenbild entgegenblickten. »Gustavs Abiturklasse«, sagte sie. »Von diesen dreißig jungen Männern sind nur zwei am Leben geblieben: außer Gustav noch einer. Alle anderen sind gefallen. Das ist beispielsweise eine Erklärung dafür, warum ich bis heute noch allein bin.«

»Sie waren mit einem von ihnen verlobt?«

»Nein«, sagte Karin, »so wörtlich habe ich das nicht gemeint. Aber ist es nicht das Schicksal meiner Generation, allein zu bleiben? Ich bin heute Anfang Dreißig. Die Männer, die im Alter zu mir passen, liegen irgendwo in fremder Erde begraben.«

»Und es hat niemals Liebe in Ihrem Leben gegeben, Karin?«

»Doch«, antwortete sie fast abweisend, »es gab Konstantin. Mit Konstantin hätte es etwas werden können. Mit ihm war ich – übrigens zum erstenmal in meinem Leben – im Theater, wir sahen die ›Zauberflöte‹. Wir gingen in Konzerte, wir führten stundenlange Gespräche zusammen. Er war Student der Germanistik, verstehen Sie? – bevor er Soldat werden mußte. Konstantin hat mir die Angst vor den ›Russen‹ genommen. Er war ja selber einer. Ich war damals zwanzig ... Sechs Wochen waren wir zusammen – dann mußte er plötzlich weg.«

Es gab auch von Konstantin ein Bild im Familienalbum. Karin ließ mich nur einen flüchtigen Blick darauf werfen, blätterte dann hastig um. »Warum an Vergangenes rühren ...?« sagte sie. »Wahrscheinlich ist er längst wieder in seiner Heimat ... Aber hier, das wollte ich Ihnen noch zeigen.« Sie schlug die letzte Seite auf. »Eine Eintragung aus meinem Tagebuch, während unserer Flucht.« Sie schob mir das Album herüber, und ich begann zu lesen. War das nicht ...?

»Gogol, ›Die toten Seelen‹«, bestätigte Karin. »Aus dem Schlußkapitel. Wissen Sie, wir hatten da nach 1945 einen jungen Lehrer ... In der Schule gab es kein Licht, keine Kohlen. Aber wir hüllten uns in unsere schäbigen Wintermäntel, und er las uns bis in die Nacht hinein bei einer Petroleumfunzel vor. Der Schluß gefiel mir so gut, daß ich ihn hier niedergeschrieben habe. Alles liegt darin, was wir selbst erlebt haben ... Damals wurde die Liebe zur Literatur in mir geweckt. Durch den jungen Lehrer. Ich habe ihm viel zu verdanken.«

Ich verließ Rosow am nächsten Tag schon in aller Frühe. Der Besuch war ein Erlebnis gewesen, aber andere Eindrücke kamen hinzu, und die Erinnerung an die kleine Grenzgemeinde verblaßte. Da kam das Frühjahr 1960. Kurz zuvor war im »Neuen Deutschland« ein Artikel von Karin Wilske erschienen. Er trug die Überschrift »Freud und Leid einer Dorfbibliothekarin«, und Karin sagte darin den Teilnehmern einer Konferenz des Verlagswesens der DDR, was sie zu den aufgeworfenen Problemen zu bemerken hatte.

»Ich möchte denen, die für unsere Buchproduktion verantwortlich sind, einmal schildern, wie sich ihre Arbeit am untersten Ende auswirkt«, hieß es. »Der Buchbestand unserer Bücherei reicht trotz Leihverkehrs der Kreisbücherei nicht aus. Da die Bücherei gut arbeitet, bekommen wir von der Gemeinde jährlich zweihundert bis dreihundert Mark, um neue Bücher anzukaufen. Ich habe nun die schöne Aufgabe, für dieses Geld die richtigen Bücher anzuschaffen. Und da geht das Leiden los. Von dreißig bestellten Titeln wurde uns aus Leipzig nach Mahnung und mit halbjähriger Verspätung ein einziger geschickt. Und so ging es uns mehrere Male ... Woran liegt das? Es werden von den guten Büchern eben zu wenig gedruckt, sonst müßte es doch weiter reichen. Können wir es uns nicht erlauben? Fehlen uns Papier, ausgebildete Menschen und die Maschinen? Ich weiß es nicht. Aber eines weiß ich, eine Neuauflage von ›Film und Leben Barbara La Marr‹ hätte sich die DDR sparen können. Wollte man unseren Lesern zeigen, was Dekadenz ist, oder was haben sich die verantwortlichen Leute dabei gedacht? – Ich bin der Meinung, daß man die wirklich gelungenen und erzieherisch wertvollen Werke unserer sozialistischen Schriftsteller auch in solchen Mengen drucken sollte, daß sie jeder kaufen kann. Und wenn vierzigtausend Exemplare von einem guten Buch nicht ausreichen, so muß eben die doppelte Anzahl produziert werden ... Ich wünsche manches Mal, die für unsere Buchproduktion Verantwortlichen würden mal bei einer Buchausleihe dabeisein. Da heißt es dann: Hast du nicht das Busch-Buch? Kaufe doch mal den ›Findling‹ von Herbert Jobst. Warum sind die Bücher nicht gekommen, die wir bestellt haben? Wurst und Butter sind bei uns keine Mangelware mehr, aber das gute Buch ist es leider noch oft. Früher hat die Masse der dörflichen Bevölkerung nicht gelesen; heute fängt sie damit an, aber die guten Bücher reichen nicht. Das muß schnellstens geändert werden.«

Das war der gewohnte aggressive Ton. Ich erkannte darin meine alte Karin wieder. Aber es war auch etwas Neues hinzugekommen. War das noch derselbe Mensch, fragte ich mich, der vor einigen Jahren ungeschminkt verkündet hatte, daß er mit unserer neuen sozialistischen Literatur nichts anfangen könne?

Wieder fuhr ich nach Rosow. Ich wollte mich an Ort und Stelle davon überzeugen, was aus der früheren Neubäuerin Karin Wilske nach der sozialistischen Umgestaltung der Landwirtschaft geworden war.

Ich traf zu Hause nur die Mutter an. »Karin ist zur Vollversammlung«, erzählte sie. Ja, ihr Mann sei ebenfalls hingegangen, er sei ja jetzt Vorsitzender der LPG. Die Versammlung sei sicher bald aus, sie dauere schon über drei Stunden. Ob ich hier warten wolle?

Ich zog es vor, ins Gasthaus hinüberzugehen.

Die Dorfkneipe war überfüllt. Auf dem Volksgut hatte es Lohn gegeben, und die Männer beeilten sich, das Geld wieder loszuwerden. Dichter Tabaksqualm hüllte ihre Gestalten vor der Theke ein. Die LPG tagte im angrenzenden Tanzsaal. In einer Ecke hatte man für die zehn oder zwölf Mitglieder der Genossenschaft – Karin war als einzige Frau darunter! – ein paar Tische zusammengeschoben. Von der Decke baumelten Girlanden. Eine blaue Waldkulisse grenzte im Hintergrund die Bühne ab. Aus dem Schankraum klang unaufhörlich, mal anschwellend, mal abschwellend, Stimmengewirr herüber. Mehrmals brüllte Gelächter auf, so daß auch die Sprecher im Saal die Stimme anheben mußten, um gegen den Lärm anzukommen.

Es ging, soviel ich den Worten Vater Wilskes, des Vorsitzenden, entnehmen konnte, um die Übernahme von Rübenacker. Das Volksgut, so berichtete er, habe der LPG die Arbeitskräfte vor der Nase weggeschnappt – die Mitglieder sollten daher angeben, wieviel Morgen sie selbst übernehmen könnten. Vater Wilske setzte sich wieder. Als hätte ihn die kurze Rede übermäßig angestrengt, erschienen winzige Schweißtropfen auf seiner Stirn. Er wischte sie nicht weg. Er zog eine Liste zu sich heran, begann wahllos Punkte und Häkchen einzuzeichnen – während das Schweigen in der Runde anhielt und allmählich drückend wurde. Ab und zu schweifte der Blick des Vaters zu seiner Tochter hinüber.

Karin saß eingekeilt zwischen zwei Genossenschaftsbauern, die sie mit ihrer Leibesfülle zu erdrücken drohten. Ihr rotes Gesicht schien noch roter als sonst. Die gedrungene Gestalt war hoch aufgerichtet. Kampflustig blickte sie umher. Als sich noch immer niemand regte, die Männer nur stumpf vor sich hinsahen, so als ginge sie das alles nichts an, platzte sie heraus: »Solange ihr Einzelbauern ward, konntet ihr fünf Morgen und mehr übernehmen. Da habt ihr andere für euch arbeiten lassen. Auch eure Frauen sind mit aufs Feld gegangen. Wo sind die Frauen jetzt? Ihr selber sitzt wie die Ölgötzen da, jeder denkt nur daran, wie er sich drükken kann. Ist das die rechte Art, die LPG voranzubringen?«

Ihre Strafpredigt bewirkte, was alle Überredungskunst ihres Vaters nicht hatte erreichen können: Die Bauern traten aus ihrer Reserve heraus. Einer nach dem anderen brummte Bescheid, und bald war die Fläche vergeben. Die Versammlung löste sich auf. Karin und ihr Vater waren die einzigen, die gleich nach Hause gingen, die anderen schlenderten noch in den Schankraum hinüber.

»Da hocken sie wieder bis Mitternacht«, sagte Karin, »und morgen früh könn'n sie nicht aus den Federn finden. Dann sitzen wir Frauen wieder mutterseelenallein mang den Kartoffelmieten.«

»Sind noch mehr Frauen in der Genossenschaft, Karin?« fragte ich, weil ich nur sie in der Versammlung gesehen hatte.

Sie nickte. »Aber es ›schickt‹ sich nicht für Frauen, in die Versammlung zu gehen. Das ist bloß was für Männer. Die Frauen machen hier sowieso, wat die Männer seggen.«

Auf dem Heimweg berichteten mir die Wilskes von den vergangenen Wochen. Es war keine leichte Zeit – bis der letzte Widerstand einiger Bauern gebrochen war und die LPG endlich »stand«.

»An einem Freitag war die Gründungsversammlung«, erzählte Karin. »Am selben Abend hatte ich Buchausleihe. Ich sah die Bauern am Fenster vorbeischleichen, sah, wie sie ins Gasthaus gingen, sich Mut antrinken. Zu mir in die Ausleihe kam kein einziger. Nicht einmal die Kinder. Sie boykottierten mich.«

»Und – wurde der Boykott inzwischen wieder aufgehoben?«

»So halb und halb«, antwortete Karin, man merkte ihr an, daß sie mit ihren Gedanken ganz woanders war. »Haben Sie den Dikken gesehen, der neben mir saß?« fragte sie mich. »Das war der Schlimmste. Er hatte alle anderen aufgehetzt. Man kann ihn vielleicht verstehen ... Bis zu seinem fünfzigsten Jahr hing er immer an Mutters Schürzenzipfel. Die Alte hatte den Hof und das Geld, die rückte freiwillig nichts raus. Der Sohn durfte nur arbeiten, schwer arbeiten. Die Frau, die er geheiratet hatte – ein Flüchtlingsmädel –, wurde nie als Schwiegertochter anerkannt. Dann stirbt die Alte. Der Herbert Lau, der sein Lebtag lang auf diesen Tag gewartet hat, will endlich Herr auf dem eigenen Boden sein – da soll er in die Genossenschaft! Mit ›Plünnersiedlern‹, wie wir welche sind, soll er seinen Hof zusammentun. Das will in seinen Bauerndickschädel nicht rein, das verträgt sich nicht mit seinem Standesdünkel. Wenn Herbert Lau seinen kleinen Jungen zu sich auf den Kutschbock hob, sprach er nicht anders zu ihm als: ›Herr Lau, komm rup‹ – Nu is dat aus mit ›Herr Lau‹. Sein Junge will Busfahrer werden.«

In Wilskes Wohnstube kommen wir auch auf Karins Artikel zu sprechen. Sie wird sofort lebhaft. »Wissen Sie, das war so ... Im Winter mußte ich einmal wöchentlich in die Schule nach Angermünde fahren. Hundertsiebzig Stunden Geflügelzucht. Ich wollte meinen Facharbeiter als Landwirtin, Sparte Geflügelzucht, machen. Wir waren etwa vierzig Frauen, die sich um das einzige vorhandene Exemplar des einschlägigen Fachbuches balgen mußten. Das gab mir den Anstoß für meinen ›Notschrei‹.«

Sie holt eine Mappe hervor, in der alle Zuschriften, die sie bekommen hat, sauber verwahrt sind. Von allen Seiten sind Bücherspenden eingegangen, Betriebe haben geantwortet, Buchhandlungen, ja, auch einige Schriftsteller haben ihre Autorenexemplare nach Rosow geschickt. »Unsere Bibliothek kann sich jetzt sehen lassen«, sagt sie stolz. »Bloß – ich hatte in letzter Zeit Wichtigeres zu tun als Bücher auszugeben. Die Genossenschaft ... Aber im Herbst will ich wieder die Nachmittagsausleihe einführen. Die halbe Arbeitseinheit werde ich verschmerzen können, und die Genossenschaftsbauern müssen sich daran gewöhnen, daß ich dann nicht da bin. Lesen müssen die Menschen auch, sonst verkümmern sie.«

Sie räumt das Geschirr ab und trägt es in die Küche hinüber; ein taktvoller Versuch, das Abendgespräch abzubrechen. Auch Vater Wilske hat schon ein paar Mal hinter seiner Faust gegähnt.

»Er und Karin müssen früh raus«, erklärt Mutter Wilske entschuldigend. »Sie sind immer die ersten auf dem Feld, immer den anderen ein Vorbild – das ist nicht so einfach.«

Es ist abgemacht, daß ich wieder in der Dachkammer schlafe. Karin schlägt für die eine Nacht ihr Bett im Wohnzimmer auf. Sie steht schon im Unterrock, die Zöpfe herabgelassen, als ihr einfällt, daß die Höflichkeit gebietet, mich hinaufzubringen.

»Ein Glück, daß Sie nicht gestern gekommen sind«, sagt sie. »Wir hatten so etwas wie Familientreffen. Beide Brüder waren gekommen: Ludwig, unser Doktor phil., und Gustav, der neugebackene MTS-Direktor. Alle beide mit ihren Familien. Das war ein Kindergewimmel ... Lassen Sie sich von Oma erzählen. Oma strahlte natürlich! Bloß Axel, ihr Liebling, fehlte, um das Glück vollkommen zu machen. Aber Axel macht sich neuerdings rar im Familienkreis. Er ist flügge geworden.«

Ich halte ihre Hand fest, die sie mir flüchtig zum Gute-Nacht-Gruß hinstreckt: »Und Sie, Karin?« frage ich. »Bleiben Sie weiter im elterlichen Nest?«

Ihre klaren Augen sehen mich an. »Soll ich Ihnen das Durchschnittsalter in unserer LPG verraten? Sechsundfünfzig! Da werden meine dreißig noch gut gebraucht. Außerdem: Wenn wir nicht zusehen wollen, wie die Jugend weiter in die Städte rennt, werden wir uns gerade in Orten wie Rosow, die weitab vom Schuß liegen, mehr um sie kümmern müssen. Dazu gehört, daß wir ihnen etwas mehr bieten als Kartenspielen. Man muß das Kulturleben in Schwung bringen! Der Wille zur kulturellen Betätigung ist bei den Jugendlichen vorhanden. Er muß nur entwickelt werden. Das habe ich mir als nächste Aufgabe vorgenommen.«

Ich sehe ihr nach, wie sie die steile Stiege hinuntersteigt. Die strohblonden Zöpfe, die lang auf dem Rücken hängen, wippen bei jedem Schritt. Eigentlich ist sie das, was man in früheren Zeiten eine »alte Jungfer« nannte, geht es mir durch den Kopf. Der Schuttabladeplatz der Familie, ich kenne so eine. Die ledig gebliebene Schwester, das war die, zu der alle anderen mit ihren Sorgen kamen, während man sie an den Freuden selten teilhaben ließ. –

Karin hat nichts von dieser Art »Jungfer« an sich. Sie ist eine reife Frau mit einem Eigenleben. Das Betätigungsfeld, das sie sich geschaffen hat, ist so weit, daß ein langes Leben kaum ausreichen mag, es auszufüllen.

1965

Nachtrag:
Das alles liegt lange zurück, fast vierzig Jahre. Ob Karin Wilske noch lebt? Ob es die Bibliothek noch gibt, ihr Lebenswerk, an dessen Aufbau sie all ihre jugendliche Kraft und Zähigkeit, über

die sie damals verfügte, verschwendet hatte? Inzwischen muß sie an die Achtzig sein. Ist sie noch aktiv, oder ist sie müde geworden, enttäuscht über die großen Veränderungen, die sich in unserem Lande vollzogen haben? Ich mußte ergründen, ob es sie noch gab, mußte noch einmal nach Rosow fahren. Was würde mich dort erwarten?

Um es vorwegzunehmen: Ich fand eine stark behinderte, geistig aber quicklebendige Karin – und ein sterbendes Dorf, das von jedem Bewohner entblößt zu sein schien. Nirgends ein lebendes Wesen, kein Mensch und kein Tier. Das einzige Wirtshaus, wo ich mir Bescheid holen wollte, war fest verschlossen, die Jalousien heruntergelassen. Hin und wieder, wie eine Geistererscheinung, glitt ein Auto vorbei. Autos sah man auch vor einigen Häusern stehen, Autos älteren Jahrgangs, hier und da noch einen Trabbi. Dazwischen immer wieder halb verfallene Häuser mit blinden Fensterhöhlen, verwahrloste Gärten – hier hatten die Bewohner längst das Weite gesucht. »Manche sind auch schon wieder zurückgekommen«, erzählt mir Karin später. »Als Arbeitsloser kommt man im Dorf immer noch am ehesten zurecht. Aber gegenüber sechshundert Einwohnern früher zählen wir heute noch knapp zweihundert. Wir haben keinen Konsum mehr, keine Bibliothek – das Haus, wo sie mal untergebracht war, wurde verkauft –, keine Kita, ja, kaum noch Kinder. Der Schulbus fährt halbleer, und man munkelt bereits, daß er demnächst eingestellt werden soll. Dann haben wir hier bald Analphabeten. Ja, wir haben's weit gebracht – das ehemalige ›Leseland DDR‹«, schließt sie grimmig.

Das ist der gewohnte aggressive Ton, den ich von Karin kenne. An Kampfesmut scheint sie nichts verloren zu haben. Nur äußerlich ist sie stark verändert. Das ehemals pausbäckige Bauerngesicht ist gleichsam zusammengeschrumpft, kreuz und quer wie zerschnitten von Falten, zwei dünne Zöpfchen baumeln zu beiden Seiten über ihre Schultern herab. Das Schlimmste an ihrer Erscheinung aber sind die dick verquollenen Füße, die in unförmigen »Fluschen« stecken. In richtiges Schuhwerk, sagt sie, käme sie nicht mehr hinein. So hat sie mir auch nur von der Stube aus zugerufen, daß ich reinkommen solle, die Tür stehe offen. Bis zur Haustür zu kommen, das schafft sie nicht mehr. Die Tür stehe immer offen, sagt sie, tagsüber und nachts. Warum sollte sie zusperren? Diebe gäbe es nicht in Rosow, weil hier sowieso nichts zu holen sei.

Endlich sitzen wir uns in der Wohnecke gegenüber. Doch bevor wir zu einem richtigen Gespräch kommen, werden wir schon wieder gestört. Ein Nachbar steckt den Kopf durch den Türspalt, er will ihr den Garten umgraben, hat aber noch einige Fragen. Nachdem er verschwunden ist, sagt Karin: »Dat is' auch so'n armer Kerl. Drei Kinder – und alle arbeitslos. Die Jüngste wird heute zwanzig. Aber da gibt's keine Feier, kein gar nichts. Die Eltern haben kein Geld.« Später sehe ich, wie sie dem Nachbarn, nachdem er seine Arbeit getan hat, einen Geldschein zusteckt. »Nu kann er doch wenigstens ein kleines Geschenk kaufen«, sagt sie. »Denn darum war er doch heute hier.«

Karin zählt im Dorf mit ihren fünfhundert Euro Rente und dem wenigen, was sie als Pacht für das frühere Bodenreformland erhält, zu einer der »Bessergestellten«, da sie nur für sich allein zu sorgen hat. Aber ist das Alleinsein nicht auch eine schwere Bürde? Wie kommt sie überhaupt zurecht in dem alten verwinkelten Haus? In den Keller kann sie nicht mehr, sagt sie. Auf den Boden – dort, wo ich seinerzeit übernachtet habe – auch nicht; die Treppe ist zu steil. Sie ist auf das einzige beheizbare Wohnzimmer fixiert, das noch dazu mit schweren Möbelstücken vollgestopft ist, zwischen denen sie sich nur mühsam hindurchhangeln kann, falls sie mal die Küche oder die Toilette erreichen will. Habe sie nie daran gedacht, in ein Heim zu gehen, wo alles bequemer sei? frage ich Karin. Sie schüttelt heftig den Kopf. »In Schwedt ist gerade ein Platz frei geworden«, erzählt sie. »›Betreutes Wohnen‹ nennen sie das wohl jetzt. Aber soll ich mein Geld für die teure Miete verplempern? Hier im Dorf wohne ich umsonst, im eigenen Haus. Und ›betreut‹ werde ich auch hier.«

Und nun erfahre ich etwas, was mir, die in Berlin in einem Hochhaus lebt, wo man jahrzehntelang nebeneinander wohnt, ohne einander näherzukommen, wie ein Märchen erscheint: Karin ist nicht allein. Wo die Menschen in Not sind, halten sie zusammen. Eine Nachbarin, die noch mobil ist, bringt ihr die Lebensmittel aus dem nächstgrößeren Ort. Ein anderer schleppt ihr die Getränke heran. Milch und Brötchen stellt ihr der Fahrer des Busses, der einmal täglich mit Obst und Gemüse durchs Dorf fährt, früh vor die Tür. Die Ärztin bringt beim Hausbesuch auch gleich die nötigen Medikamente mit. Und einmal im Monat kommt Axel, ihr jüngster Bruder, um nach ihr zu sehen. Das ist für Karin immer ein Freudentag; Axel ist ihr ganzer Stolz. Zu DDR-Zeiten hat er studiert, hat es sogar bis zum Professor gebracht. Nach der Wende wurde er »abgewickelt«. »Ein Glück, daß sie uns die Solidarität noch nicht ›abwickeln‹ konnten«, sagt Karin. »Denn die steht bei uns noch hoch im Kurs. Wir helfen alle einander. Wer sollte uns sonst wohl helfen?«

Sie besteht darauf, daß ich zum Essen bleibe; es soll Pellkartoffeln mit Rührei geben. »Zum Essen habe ich immer was da«, sagt sie stolz. Bis vor kurzem habe sie sogar noch Karnickel und Hühner gehalten. Erst jetzt habe sie die abschaffen müssen: Sie käme ja gar nicht mehr bis in den Garten. »Die alten Glieder wollen nicht mehr. Auch die Augen lassen leider nach ...«

Daß sie seit kurzem gar nicht mehr lesen kann, ist wohl am schmerzlichsten für sie. Und daß ihre Bücher – ihre geliebten Bücher – damals alle auf der Deponie gelandet sind. »Ich lag gerade im Krankenhaus«, sagt sie, »sonst hätte ich sicher noch das Schlimmste verhindern können. Aber sie konnten ja nicht rasch genug alles vernichten ...« Sie schweigt abrupt, in Gedanken versunken.

»Karin, was war das Schönste in Ihrem Leben?« frage ich wenig später. Sie muß lange überlegen. »Das Schönste?« wiederholt sie. Ich denke, sie wird sagen: die Zeit mit Konstantin. Aber ihre Gedanken gehen andere Wege. »Das Schönste«, sagt sie listig, »war immer der Moment, wenn ich wieder mal einen unserer Dösköppe als Leser einschreiben konnte. Das war für mich jedesmal ein Erfolgserlebnis.«

Und dann setzen wir uns zu Tisch, lassen uns das Rührei munden und sprechen von Vergangenem – bis es Zeit wird, mich für den Heimweg zu rüsten. »Ich komme wieder«, verspreche ich Karin, während ich sie zum Abschied umarme. »Und ich bringe Bücher mit, das verspreche ich Ihnen.«

Wenn sie auch die Bücher selbst nicht mehr lesen kann, denke ich bei mir – vielleicht findet sich Axel oder eine der Nachbarinnen bereit, sie ihr vorzulesen. Denn wie sagte Karin doch vorhin? »Die Solidarität haben sie uns noch nicht nehmen können. Die ist das einzige, was uns geblieben ist.«

2004

Freundinnen

Berta Waterstradt (1907 bis 1990)

Unter meinen Freundinnen waren mir zwei besonders nahe. »Waren« muß ich schreiben, denn alle beide leben nicht mehr. Berta war Filmautorin und Satirikerin, deren Kurzgeschichten hin und wieder, leider viel zu selten, im »Magazin« erschienen. Wie schade, daß sie ihre Begabung nicht auch in größeren Erzählungen oder in einem Roman unter Beweis gestellt hat. Doch ihr fehlte dazu, wie sie selbstkritisch einräumte, die nötige Geduld und der lange Atem.

Mit Berta zusammen habe ich oft die dramatischen »Höhepunkte« unseres DDR-Alltags erlebt. So verbrachten wir den 17. Juni 1953 gemeinsam wie auch den 21. August 1968, als die Truppen des Warschauer Paktes dem »Prager Frühling« zu Leibe rückten. Ob Berta einige Jahre später dabei war, als in einer Versammlung des Schriftstellerverbandes im Roten Rathaus der Ausschluß einiger Kollegen beschlossen wurde, weiß ich nicht. Ich habe an jener Sitzung, die am 7. Juni 1979 stattfand, nicht teilgenommen, da ich mich gerade auf einer Studienreise durch Spanien befand. Doch seither habe ich mir oft die Frage gestellt, wie ich mich wohl in jener Versammlung verhalten hätte, auf die alle Parteimitglieder in einer internen Sitzung programmiert worden waren. Hätte ich gegen den Ausschluß gestimmt, der, wie in solchen Fällen üblich, schon lange beschlossen war? Ich fürchte, ich hätte mich gleichfalls der Parteidisziplin gebeugt und die Hand für den Ausschluß gehoben, obwohl ich mich mit einigen der Verfemten, vor allem mit Stefan Heym, eines Sinnes wußte. Wie konnte man einen Mann wie ihn, einen bewährten Antifaschisten, der nie seine Gesinnung verleugnet hatte, aus unserer Mitte verbannen? Und doch hätte ich es vielleicht getan, auf Geheiß einer Partei, die »immer recht hatte«. Ein einziger aus der Runde der Parteimitglieder hatte, wie ich kürzlich dem »Protokoll eines Tribunals«, herausgegeben von Joachim Walther, entnehmen konnte, den Mut besessen, sich in seinem Diskussionsbeitrag gegen den Ausschluß auszusprechen. Das war Stephan Hermlin. Alle anderen SED-Mitglieder hatten zugestimmt.

Meine Freundin Berta hat die Wende noch miterlebt und auch die ersten antisemitischen Äußerungen, die auf den Montagsdemonstrationen in Leipzig zu vernehmen waren und die sie mit tiefer Sorge erfüllten. »Das hatten wir doch alles schon einmal!« rief sie verzweifelt, und mit dem Skeptizismus jüdischer Menschen, der nur allzu berechtigt ist, spielte sie sogar mit dem Gedanken, nach Israel zu übersiedeln, um nicht erneut Opfer rechtsradikaler Randale zu werden. Aber sie war nun über achtzig. Sie hatte oft darüber geklagt, daß sie ihre Angehörigen in Israel nach ihrem Tode nicht mit der »müden DDR-Mark« als Erbschaft würde beglücken können und hatte testamentarisch verfügt, daß ihr ganzes Vermögen, das beträchtlich sein mußte, denn Berta hatte immer bescheiden gelebt, an einige ihr nahestehende DDR-Bürger fiel. Nun aber stand die Umwandlung unseres Geldes in D-Mark bevor, also in eine konvertierbare Währung, und Berta plante den Weg zu ihrem Rechtsanwalt, um ihr Testament zugunsten ihrer Verwandten umzuändern. Es war Ende April, als sie zu mir von ihrer Absicht sprach. »Jetzt kann ich endlich meinen Nichten und Neffen etwas zukommen lassen!« rief sie erleichtert. »Die sind alle nicht auf Rosen gebettet.«

Wie oft habe ich an diese Bemerkung zurückdenken müssen, denn Bertas plötzlicher Tod gab mir Rätsel auf. Wenige Tage nach unserem Gespräch brachte ich meine Tochter Christiane zum Flugplatz. Auf dem Rückweg von Schönefeld wollte ich Berta besuchen, und ich rief vorher bei ihr an, um sie von meiner Absicht in Kenntnis zu setzen. Doch alle meine Versuche, sie telefonisch zu erreichen, blieben ohne Erfolg. Lag sie damals vielleicht schon hilflos am Boden, unfähig, sich zum Telefon zu schleppen und den Hörer abzunehmen? Oder war sie bereits im Krankenhaus, wo sie gar nicht mehr zu Bewußtsein gekommen war, wie ich später hörte? Die Berichte ihrer Freunde und Bekannten über die Todesursache sind ungenau. Das Frühstücksgeschirr habe noch auf dem Tisch gestanden, hieß es, als man sie endlich fand. Freunde von Berta, die sie wie verabredet nachmittags zu einem Spaziergang abholen wollten, hatten Verdacht geschöpft, als in der Wohnung nach ihrem energischen Klopfen und Klingeln alles ruhig blieb bis auf ein leises Stöhnen, das sie zu vernehmen meinten. Sie hatten den Hauswart gerufen, der schließlich die Tür aufbrach. Berta lag in einer Blutlache in der Mitte des Flurs. Hatte sie sich vom Wohnzimmer, wo sie gestürzt sein soll, noch bis hierher geschleppt, sicher in der Absicht, sich den Nachbarn gegenüber bemerkbar zu machen? Als ihre Freunde sie fanden, war es bereits Nachmittag. Sicher ist sie aber bereits vormittags zu Fall gekommen, denn sie hatte es nicht mehr geschafft, den Tisch abzuräumen. Hatte sie stundenlang hilflos auf dem Boden gelegen? Und woher kam das Blut? Wenn man stürzt – und alte Menschen stürzen leicht –, bricht man sich Arme oder Beine oder den Oberschenkelhalsknochen; das sind Verletzungen, deren Schwere nur der Radiologe erkennen kann, äußerlich sind sie unsichtbar. Berta wurde bewußtlos ins Krankenhaus eingeliefert. Sie starb an ihren inneren Verletzungen, erklärte man mir zurückhaltend im Krankenhaus, als ich um Auskunft bat. Ob ich eine Verwandte sei? Nein, ich war nur die Freundin – und ich bin auch keine »Miß Marple«, der die Rätsel um Bertas Tod keine Ruhe lassen und die sich entschließt, der Sache auf den Grund zu gehen.

Zum Begräbnis war Bertas Lieblingsnichte angereist – ihre einzige Schwester Paula, nun auch schon über achtzig, fühlte sich der Reise und den mit ihr verbundenen Aufregungen nicht mehr gewachsen. Hannah besuchte mich. Ich kannte sie schon, seit sie ein junges Mädchen war und wußte, daß sie seit vielen Jahren in einem Kibbuz in Israel lebte und nun schon selber fast erwachsene Kinder hatte. Ob sie hierbleibe, bis die Wohnung aufgelöst sei? fragte ich sie, aber Hannah winkte ab: Das sei alles bereits geschehen; die Wohnung sei schon ausgeräumt, die Möbel nach allen Richtungen hin verschenkt worden, so daß sie leider gezwungen sei, in einem Hotel zu wohnen, was ja nicht billig sei. Hannah fuhr mit leeren Händen in die Heimat zurück; nicht einmal ein Andenken an Berta hatte man ihr dagelassen.

Wie lange kannten wir uns, Berta und ich? Ich muß weit in meinen Erinnerungen zurückgehen, bis Anfang der dreißiger Jahre. Ich stand am Anfang meiner literarischen Entwicklung, war gerade dem »Bund proletarisch-revolutionärer Schriftsteller« beigetreten, schrieb an meinem ersten Roman, der den Niedergang eines verzweifelt um seine Existenz ringenden Berliner Handwerksmeisters beschrieb. Berta, die ebenfalls zum »Bund« gehörte, schrieb ihre ersten Gedichte. Doch in den Versammlungen vom »Bund« begegneten wir uns nur flüchtig. So viele andere waren da, die mich faszinierten: Ludwig Renn vor allem, der gerade seinen großen Antikriegsroman veröffentlicht hatte; Anna Seghers, Friedrich Wolf und Johannes R. Becher. Mit Hans Schwalm war ich etwas näher bekannt, und er nahm mich eines Tages zu den Waterstradts mit, mit denen er offenbar eng befreundet war, zu Berta und ihrem Rudi. Was für ein seltsames Paar! Auf den ersten Blick schienen sie grundverschieden, und doch waren sie wie füreinander geschaffen. Rudi, der Urberliner mit seinem Mutterwitz, ein »Berliner Boofke«, wie er im Buche steht, und Berta als Pendant dazu, die ihre Satire handhabte wie ein Florett, mit dem sie aber immer ins Schwarze traf, was ihre Zuhörer frappierte, zu befreiendem Applaus animierte, aber auch schockierte. Denn wehe dem, der Bertas Unwillen erregte und den sie aufs Korn nahm, wie zum Beispiel die arme Helga, Lebensgefährtin von Peter Kast, eine Möchtegernpoetin, die sie jahrzehntelang mit ihrem Spott verfolgte, keine Gelegenheit, die sich ihr bot, verpaßte, um sie erneut anzugreifen. Kein Wunder, daß ihre spitze Zunge bei vielen gefürchtet war.

Aber sie gewann durch ihre Aufrichtigkeit auch manche Freunde. Stefan Heym gehörte dazu, Günter Kunert und Gustav Just, um nur einige zu nennen, die aber alle eins gemeinsam hatten: Sie waren unzufrieden mit der DDR, so wie sie war und wollten sie besser machen. Sie gehörten zur sogenannten Opposition. Durch den Umgang mit ihnen zog Berta die Aufmerksamkeit der Stasi auf sich. Jahrelang wurde sie observiert. Berta ahnte oder wußte es, kümmerte sich aber nicht darum. Sie war Jüdin und Antifaschistin; Verfolgte des Naziregimes. Leute wie sie, meinte sie wohl, mit ihrer Vergangenheit, seien vor weiteren Verfolgungen in der DDR geschützt. Die Vergangenheit auch war es, auf der unsere Freundschaft beruhte. Wir hatten so vieles gemeinsam: die illegale Arbeit in der Nazizeit, die Verhaftung, die Vernehmungen durch die Gestapo, später den schweren Neuanfang, als ich bei der Zeitschrift der Umsiedler, Berta beim Rundfunk arbeitete. Auch unsere persönlichen Debakel. Als meine Ehe zerbrach, meinte Berta noch triumphieren zu können: ihr Rudi, der zwölf Nazijahre hindurch zu ihr gehalten hatte, würde ihr auch weiterhin treu bleiben. Aber sie hatte ihre bald darauf eintretende Berühmtheit nicht in Betracht gezogen. Als der nach ihrem Hörspiel gedrehte Film »Die Buntkarierten« mit dem Nationalpreis geehrt wurde und Berta von Volksdemokratie zu Volksdemokratie reiste und sich feiern ließ, fühlte sich Rudi zurückgesetzt und erflehte den Trost einer anderen Frau, der Bibliothekarin in dem Walzwerk in Hennigsdorf, in dem er angestellt war. Berta litt Qualen. Fünfmal kam Rudi reumütig zu ihr zurück, und fünfmal nahm sie ihn großmütig wieder auf, bis er dann endgültig fortblieb. Und Berta war nun alleinstehend genau wie ich.

Wie viele Autofahrten haben wir gemeinsam unternommen,

ich am Steuer und Berta neben mir als ahnungslose, somnambule Beifahrerin, deren Kurzsichtigkeit sie im Falle eines Unfalls sogar daran gehindert hätte, den Baum zu erkennen, den zu rammen wir gerade im Begriff sein würden. Nein, es ist immer gut ausgegangen. Wie viele Geburtstage haben wir zusammen gefeiert? Ich weiß es nicht mehr. Aber an einen erinnere ich mich besonders. Ob Petersen (das war Hans Schwalm) ebenfalls kommen würde? fragte sie mich, und als ich verneinte, bat sie mich dringend: »Ach bitte, bitte, lad ihn doch ein.« Petersen war gerade von seiner großen Liebe, die Alfred Kantorowitcz in den Westen gefolgt war, verlassen worden. Träumte Berta davon, an ihre Stelle zu treten? Das war völlig absurd. Die Verflossene war eine schöne, elegante Frau, und Berta ... Aber ich tat ihr den Gefallen, Petersen einzuladen und erlebte von weitem mit, wie sie sich an ihn schmiegte, um ihn buhlte, ihm Trost zusprach – während er, als wäre sie seine Oma, schon wieder die Vorzüge anderer »Puppies« pries, die er demnächst, wie er prahlte, »aufs Kreuz legen« wollte.

Auch das war Berta. Nicht mehr die scharfzüngige Satirikerin, als die jeder sie kannte, sondern eine ganz gewöhnliche Frau mit einem großen Liebesverlangen.

Nachdem meine Enkelin auf der Welt war, stellte sich Berta Woche für Woche pünktlich bei uns ein. Begierig verfolgte sie die Entwicklung des kleinen Geschöpfs. Hat sie es bedauert, keine eigenen Kinder zu haben? Obwohl sie nie davon sprach, war es wohl so, aber als Jüdin, die unter Hitler in einer sogenannten Mischehe lebte, hatte sie in ihrer Jugend jeden Kinderwunsch verdrängen müssen.

Sie war ruhelos. Sechs Monate eines jeden Jahres verbrachte sie in Israel, wohnte abwechselnd bei ihrer Schwester, mit der sie sich schlecht verstand, oder bei Nichten und Neffen. Wieder zurück in Berlin, klapperte sie nacheinander ihre Bekannten ab, die über ganz Berlin verstreut waren, im Osten wie im Westen. Oft klagte sie selbst darüber, daß sie kein Sitzefleisch hatte. Unmöglich, sie sich als Romanautorin vorzustellen, monate- oder gar jahrelang an den Schreibtisch gefesselt. Bei ihr reichte die Geduld allenfalls zu einer Kurzgeschichte, natürlich auch für ihre beliebten Verse fürs »Magazin«, zuweilen auch für ein Theaterstück. Mit allen ihren Veröffentlichungen hatte sie großen Erfolg. Sie hätte die Gabe gehabt, Großes zu leisten. Aber ihr fehlte die Ausdauer dazu.

Ein Jahr nachdem wir Berta begraben hatten, versammelten sich einige ihrer Freunde erneut auf dem jüdischen Friedhof in Berlin-Weißensee, wo inzwischen an Bertas Grabstelle ein Stein aufgestellt worden war, der eine hebräische Inschrift trug. Zu der Zeremonie war ein Vetter dritten Grades erschienen. »Ein Mensch, den Berta nie hat leiden mögen«, flüsterte mir die spottlustige Renate Holland-Moritz zu, die zu Bertas engeren Freundinnen gehört hatte. Von den Schriftstellern waren außer uns beiden noch Stefan Heym und Rainer Kerndl gekommen und im übrigen alle die, die alljährlich zu Bertas Geburtstag erschienen waren: die Schauspielerin Steffi Spira, die hochbegabte Elisabeth Shaw, deren freche Illustrationen zu Bertas Versen jahrelang im »Magazin« erschienen waren; ein, zwei Ehepaare aus Berlin-Ost und eine langjährige Freundin aus Berlin-West. Der Vetter, im Kaftan und mit bedecktem Haupt, las mit volltönender Stimme aus dem Talmud vor, und wir anderen hingen Erinnerungen an Berta nach. »Es war eine würdige Gedenkstunde«, sagte Renate Holland-Moritz, als wir später vom Friedhof aus auf das in der Nähe befindliche Restaurant zugingen, wo der Vetter für uns einen Tisch bestellt hatte. »Schade, daß Berta sie nicht erlebt hat. Sie wäre zufrieden gewesen.«

1994

Annemarie Auer-Zak
(1913 bis 2002)

Nun muß ich wohl von Annemarie Auer erzählen, die vor einem Jahrzehnt ihren achtzigsten Geburtstag beging. Daß Annemarie dieses hohe Alter erreichen konnte, verdankt sie ihrer großen Disziplin und der Genauigkeit, mit der sie die Anordnungen der verschiedenen Ärzte, die sie in Anspruch nehmen muß, stets befolgt hat, denn sie muß seit langem, eigentlich seit dem Tode ihres Mannes Ende der siebziger Jahre, mit vielen Beschwerden leben. Erst kürzlich war sie längere Zeit in einem Krankenhaus, wo ich sie mehrmals besucht habe und wo sie mich einmal beim Abschied hastig zurück in ihr Zimmer zog, meine Hand preßte, als ob sie sich mühsam an ihr festhalten müßte, und mich bange fragte: »Glaubst du, daß ich schon sterben muß?« – Nein, ich glaubte es nicht, ich wollte es nicht glauben, denn Annemaries Geist war lebendig wie eh und je, ihre Sätze geschliffen, ihr Urteil über Tagesereignisse oder über Bücher, die auf ihrem Nachttisch lagen, war wie früher treffend. Ihre scharfsinnigen, immer mit äußerster Präzision formulierten Kritiken hatten mich schon bestochen, lange bevor wir uns persönlich kennenlernten.

Annemarie lebte während des »Dritten Reiches« in Berlin und Kiel; sie hatte Buchhändlerin gelernt, wurde nach der Lehre dienstverpflichtet und arbeitete in einer Fabrik Seite an Seite mit Franzosen zusammen, sogenannten Fremdarbeitern. Das Kriegsende hat sie in Goslar erlebt, also nicht weit von der Magdeburger Börde entfernt, wo ich damals gleichfalls im Keller hockte. Annemarie hat ihre Erlebnisse und Empfindungen während der letzten Kriegstage und während der Besatzung durch die Amerikaner in ihren Briefen an den Mann geschildert, den sie 1941 geheiratet hatte: den Antifaschisten Eduard Zak, Österreicher von Geburt, der, wie sie wußte, mit der ungeliebten deutschen Wehrmacht bis nach Italien gekommen war. Sie hat diese Briefe 1987 in dem schmalen Bändchen »Morgendliche Erscheinung« im Mitteldeutschen Verlag veröffentlicht. Sie sind so bewegend, poetisch und gleichzeitig aufschlußreich, ja bewundernswert politisch klarsichtig für eine so junge Frau, wie sie damals war, daß ich nur jedem empfehlen kann, den Band zur Hand zu nehmen und ihre Briefe zu lesen. Vor allem vermitteln sie denen, die den Zweiten Weltkrieg nicht selbst erlebten, ein eindrucksvolles Bild davon, wie Menschen mit antifaschistischer Gesinnung damals gelebt und gelitten haben; wie sie sehnsüchtig das baldige Ende des Krieges herbeigewünscht haben, ohne doch zu wissen, ob sie die eigene Haut aus dem Schlamassel noch würden retten können.

Das junge Paar hätte nach Kriegsende nach Wien gehen können. Vielleicht hätte es Eduard, ein »Schriftsteller der inneren Emigration« und begabter Poet, dort leichter gehabt. Aber er wählte zu ihrem Wohnort Berlin, den sowjetischen Sektor und den Staat, der in seiner übertriebenen Wachsamkeit sein Mißtrauen gegenüber dem österreichischen Staatsbürger nie überwunden hat, was der junge Zak oft zu spüren bekam. Seine Gesuche um Stipendien, um ein begonnenes Jugendwerk ohne finanzielle Sorgen beenden zu können, wurden abgelehnt; für seine literarischen Vorhaben fand er keinen Verlag. Schließlich resignierte er und wich auf Übersetzungen aus, die ihm, der mehrere Fremdsprachen fließend beherrschte, leicht hätten von der Hand gehen müssen. Aber Zak war ein langsamer Arbeiter, der an jedem Satz feilte, und so geschah es ihm oft, daß er die vertraglich vereinbarten Termine nicht einhalten konnte und so die Verlage verprellte, die schließlich mit Aufträgen zurückhaltender wurden. Annemarie wiederum verdroß es, daß der begabte Mann nie zu eigener Arbeit kam, so etwa zu dem großen Roman, der ihm seit Jahren vorschwebte.

Ich war damals mit den beiden nur selten zusammen, denn die geselligen Zaks hielten es nicht anders als andere Ehepaare und umgaben sich lieber mit Leuten, die zu Paaren erschienen, als mit einer alleinstehenden Frau wie mir. So erlebte ich auch nur von weitem mit, wie sehr sich Eduard um seine Frau sorgte, als Annemarie nach einer Krebsoperation lange im Krankenhaus lag. Er fuhr täglich nach Buch hinaus, scheute nicht den weiten Weg von Köpenick, wo sie damals wohnten, und saß stundenlang an ihrem Bett, oft ganze Nächte hindurch. Annemarie hat ihm seine Liebe und Fürsorge später hundertfach vergolten, als sie den todkranken Mann aus der Klinik zu sich nach Hause holte, wo sie ihn aufopfernd gepflegt hat – was sie, die zarte und ebenfalls schon von Krankheiten gezeichnete Frau, fast übermenschliche Anstrengungen gekostet haben mag. Aber sie hat tapfer durchgehalten. Erst nachher ist sie zusammengebrochen, und seither ist sie zerbrechlich wie ein Porzellanfigürchen, das man mit großer Behutsamkeit behandeln muß. Schon die kleinste Unregelmäßigkeit ihres Tagesablaufs, und sei es ein Spaziergang, zu dem ich sie in bester Absicht überreden möchte, kann sie aus dem Gleichgewicht bringen und ihr mehr schaden als nützen. Schon seit langem kann sie sich nicht mehr in die S-Bahn setzen, um in die Stadt zu fahren. Auch die Besuche bei mir hat sie aufgeben müssen. Wollen wir jetzt einmal zusammensein, so fahre ich zu ihr, wobei ich meinen Besuch zeitlich auf ein Minimum begrenzen muß. Schon wenn ich die vereinbarten anderthalb Stunden nur wenig überschreite, sehe ich, wie ihre Spannkraft nachläßt und wie das sonst noch überraschend glatte Porzellangesicht der nun schon über Achtzigjährigen, als hätte es einen Sprung bekommen, plötzlich von vielen kleinen Fältchen durchzogen wird. Dann weiß ich, daß es höchste Zeit wird für Annemarie, sich in ihre Küche zurückzuziehen und sich das Insulin unter die Haut zu spritzen, das für sie so lebenswichtig ist wie die Luft zum Atmen.

Annemaries fünfundsiebzigsten Geburtstag hatten wir noch in Wiepersdorf gefeiert. Da hatte sie diejenigen unter den Pensionsgästen, die ihr die liebsten waren, an ihre Kaffeetafel in Bettina von Arnims Zimmer gebeten – eine Umgebung, die so ganz für Annemarie geschaffen schien. Denn Annemarie bewegte sich gern in exklusiven Räumen. Wäre sie ein Jahrhundert früher geboren worden, so hätte sie gut einen Berliner Salon führen können wie die Rahel Varnhagen. Sie hat sich immer gern mit Menschen umgeben, trug gern schöne Kleider und verfügte über den Esprit und den Charme, um Mittelpunkt einer erlesenen Gesellschaft zu sein, die sie alle durch ihren Geist bestrickte. Sicherlich hat ihr so etwas auch ihr Leben lang vorgeschwebt. Doch früher hinderten sie finanzielle Sorgen, die sie ständig quälten, viele Menschen zu sich einzuladen, obwohl der Rundbau mit den vielen kleinen Fenstern, den sie damals bewohnten und zu dem sogar ein kleiner Garten gehörte, den nötigen Rahmen dazu geboten hätte. Doch dieses große Haus war auf die Dauer ohne Dienstboten nicht zu bewältigen, so daß sie es bald gegen eine kleinere Wohnung tauschen mußten. Für Annemarie muß dieser Umzug in plötzliche Enge eine herbe Enttäuschung gewesen sein; sie hat es immer als ein Unrecht empfunden, daß sie und Zak, trotz steten Fleißes, sich einen Lebensstil nach ihren Wünschen und Ansprüchen niemals hatten leisten können.

In der Tat ist Annemarie nie ihren Fähigkeiten und Gaben entsprechend gewürdigt worden. Auch Kritiker werden nach Zeilen bezahlt, und man bedenkt dabei nicht, daß es vieler Vorarbeiten bedarf, bevor eine Kritik zu Papier gebracht ist, und Annemarie hat sich ihre Arbeit nie leichtgemacht. Sie war eine glänzende, einfühlsame Kritikerin – und eine Erzählerin von Format, was sie leider nur mit wenigen Veröffentlichungen bewiesen hat. Immer saß ihr das Muß im Nacken: zu schreiben, um rasch zu Geld zu kommen, und das waren eben doch die Gutachten oder Besprechungen von Büchern, die man ihr in Auftrag gab. Ich hatte mir oft gewünscht, eine Lektorin wie Annemarie zur Seite zu haben. Sie besaß die Gabe, einen Stoff, den man ihr noch stammelnd und undeutlich vortrug, intuitiv zu erfassen, das Wesentliche darin zu erkennen und ihn schöpferisch mit dem Autor weiterzuentwikkeln. So verdanke ich Annemarie auch den Einfall, in mein Buch »Partnerinnen« die Lebensgeschichten von Barbara, Renate und Rita aufzunehmen, die in der ersten Erzählung über Johanna nur kurz erwähnt worden sind. Ich hatte nicht beabsichtigt, über sie zu schreiben, ließ mich aber von Annemarie davon überzeugen, daß gerade in der Gegenüberstellung von Frauen, die verschiedenen Generationen angehören, der besondere Reiz der Geschichten liegt. Wie recht sie damit hatte, zeigte die spätere Resonanz auf mein Buch. Immer wieder hoben Rezensenten wie auch Leserinnen hervor, daß die Verknüpfung der Lebensgeschichten von Frauen unterschiedlichen Alters und dementsprechender Erfahrungen ein besonders glücklicher Einfall der Autorin war – ein Einfall der Lektorin, korrigiere ich, für den ich Annemarie für immer Dank schuldig bin.

Was Annemarie, die von Krankheiten Geplagte, so lange am Leben erhielt, was sie ans Leben band, war die zarte Beziehung zu einem Mann, dem sie sich verbunden fühlte, seit er ihr bei Eduards schwerer Erkrankung als Arzt und Freund hilfreich zur Seite gestanden hatte. Ich scheue mich, von einer Liebesbeziehung zu sprechen, denn sie war es nicht, war nicht das, was man landläufig darunter versteht. Das Verhältnis der beiden zueinander war keusch wie das von Kindern, die erstes Ahnen eines Liebesgefühls zueinander drängt. Aber hier war es die bewußte Zurücknahme von Gefühlen zweier reifer Menschen, die sich dessen bewußt waren, daß sie auf Distanz bleiben müssen, um das hauchdünne Gebilde ihrer Beziehung nicht zu gefährden – ähnlich wie der leichteste Windstoß schon die Fäden eines Spinnennetzes zerreißen kann. Der Mann war verheiratet und ganz in den Schoß seiner Familie eingebettet, aus dem er sich nicht befreien wollte. Annemarie wußte dies und achtete seine Familienbindung, die ihre Liebe zu ihm, so meinte sie, in keiner Weise tangierte. Und so beschied sie sich, war glücklich über jedes Beieinandersein, so kurz seine Besuche immer auch waren und so lang die Zeiten dazwischen, in denen sie sich auf die nächste Zusammenkunft schon vorbereitete. Selten nur fiel ein Wort zwischen ihnen, das als ein Liebesgeständnis zu deuten gewesen wäre, und sie mieden jede körperliche Berührung, so sehr es Annemarie auch danach verlangte, den Kopf an seine Schulter zu legen und sich an ihn zu schmiegen. Allenfalls gestatteten sie sich einen Händedruck, ein längeres Ineinanderverhaken der Hände, bevor er sich wieder von ihr verabschieden mußte.

Annemarie hat kurz vor ihrem Tod ein Porträt ihres Freundes verfaßt. Sieben Seiten nur sind es, aber diese sieben Seiten haben alle Kraft, die noch in ihr war, aufgebraucht, und sie wußte nun endgültig, daß sie nicht mehr, wie andere unserer Profession, Trost im Alter beim Schreiben würde finden können. Das Herz versagte ihr den Dienst, obwohl ihr Geist zu schöpferischer Arbeit durchaus noch imstande gewesen wäre. Ich denke an die Annemarie früherer Jahre: an die aparte Erscheinung mit dem schwarzen Haar zu dem ebenmäßig blassen Gesicht, die uns in Verbandsversammlungen schillernde Wortgefechte geliefert hat, um gegen sture Funktionäre zu Felde zu ziehen; oder an den Charme, den sie noch vor wenigen Jahren in unserer Runde in Wiepersdorf entwickelt hatte, und der Herbert Sandberg, den Achtzigjährigen, zu dem begeisterten Ausruf hinreißen ließ: »Dich, Annemarie, würde ich heute noch heiraten!« Wozu er indes nicht in der Lage war, da er erst kurz zuvor eine um vierzig Jahre Jüngere geehelicht hatte. Aber die Annemarie seines Jahrgangs hatte ihn gleichwohl verzaubert, so daß er sich an jenem Nachmittag zusehends zu verjüngen schien.

Daß Annemarie, die Diabetikerin, die obendrein an Herzschwäche litt und mehr und mehr die Beschwerden fühlte, die sich als Begleiterscheinungen der Zuckerkrankheit einzustellen pflegen, dennoch nicht lebensmüde wurde, hat mich mit großem Respekt erfüllt. Wie sehr sie noch dem Leben verhaftet war, hatte sie mir eines Tages bewiesen, als sie mich einen Blick in ihren Kleiderschrank werfen ließ. Stolz zeigte sie mir ihre Neuerwerbungen, die sie vor Tagen in dem Modegeschäft im Parterre ihres Hauses erstanden hatte. Hosen und Jäckchen und ein Kostüm und als Höhepunkt ein festliches Kleid, in dem sie an ihrem achtzigsten Geburtstag geglänzt haben mag. »Versteh doch«, meinte sie ein wenig beschämt über die Verschwendung, die sie hatte walten lassen. »Ich mußte jahrelang immer die gleichen Kleider tragen, weil ich ja nie mehr in die City kam. Und nun hat sich das Modeatelier direkt unter mir etabliert. Für mich ein ausgesprochener Glücksfall – das siehst du doch ein?«

Ja, ich sah es ein und gönnte ihr die Freude an den schönen Sachen, eine der wenigen, die ihr im Leben geblieben waren. Ich gönnte ihr auch das Glück, sich in Liebe einem Menschen verbunden zu fühlen. Ich kannte den Mann ihrer Sehnsucht nur flüchtig, und ich maße mir nicht an, seine Gedanken und Empfindungen durchschauen zu können. Mir genügt es, ihn mit Annemaries Augen zu sehen, mit den Augen einer alten erfahrenen Frau, die sich den bestrickenden Liebreiz eines jungen Mädchens hat bewahren können. Ich bin stolz darauf und dankbar, ihre Freundin gewesen zu sein.

Gewesen zu sein, schreibe ich, denn inzwischen ist auch Annemarie von uns gegangen. Sie verbrachte ihre letzten Lebensjahre in einem Seniorenheim nahe von Berlin, aber doch weit genug entfernt, so daß es vielen ihrer Berliner Bekannten zu mühselig war, sie dort zu besuchen. Sie muß sehr einsam gewesen sein zu der Zeit, denn sie suchte und fand auch keine Gefährtinnen unter den Heimbewohnerinnen. Sie bewohnte ein winziges Zimmer, von dem aus sie im Herbst und Winter, wenn sich die Bäume entlaubten, einen Zipfel des Zeuthener Sees erspähen konnte. In der ersten Zeit »erwanderte« sie noch ab und zu, ihren Rolli vor sich herschiebend, das weitläufige Residenzgelände. Doch einmal, bei Glatteis, kippte der Rolli um und riß auch sie zu Boden, wo sie hilflos so lange lag, bis ein zufällig Vorbeikommender ihr wieder auf die Beine half. Von nun an mied sie den Weg zum Hauptgebäude mit den Speiseräumen, ließ sich die Mahlzeiten aufs Zimmer bringen, was ihr zusätzliche Kosten eintrug, da jeder Handgriff der hilfreichen Schwestern auf der monatlichen Abrechnung des Heims zu Buche schlug, was die arme Annemarie, die zeitlebens an der Seite ihres leichtlebigen Mannes hatte haushalten müssen, nun auch im Alter zu äußerster Sparsamkeit zwang, um ihr schmales Budget nicht zu überziehen und am Ende Schulden zu hinterlassen.

Annemarie hatte in letzter Zeit ihr Leben stets als »verpfuscht« bezeichnet und die Schuld daran der Stasi zugemessen. Sicher hat die Stasi ihren österreichischen Ehemann, der nie die DDR-Staatsbürgerschaft angenommen hat, unter Kontrolle gehalten. Aber Erfolge des Ehepaars verhindert, hat sie zweifellos nicht; im Gegenteil wurde dem Paar, das unfähig war, seinen notwendigen Lebensunterhalt aus eigener Kraft zu verdienen, immer wieder mit großzügigen Stipendien seitens des Schriftstellerverbandes unter die Arme gegriffen. Geschadet hat sich Annemarie wohl am ehesten selbst durch ihre vernichtende Besprechung des Buches »Kindheitsmuster« von Christa Wolf in der Zeitschrift »Sinn und Form«, die alle Freunde Christa Wolfs, angefangen bei Günter Kunert über Stephan Hermlin und Franz Fühmann bis zu Kurt und Jeanne Stern zu flammendem Protest hinriß, in dem Annemarie übereinstimmend zur unverbesserlichen Stalinistin gebrandmarkt wurde – ein Makel, den sie trotz heftiger Bemühungen bis zu ihrem Tode nicht auslöschen konnte. So löste sie letztendlich freiwillig auch ihre Mitgliedschaft beim PEN, deren Mitglieder sich ebensowenig bereitgefunden hatten, ihre schwer beschädigte Ehre wiederherzusstellen.

Der psychische Kummer scheint ihren körperlichen Verfall beschleunigt zu haben. Zuletzt versagte auch noch ihre Sehkraft, so daß sie weder lesen noch fernsehen konnte. Die einzige Verbindung zur Außenwelt stellte nun das Radio dar, das Ruth Kraft,

Annemaries langjährige Freundin, ihr besorgt hatte. Ruth und ich haben Annemarie ein letztes Mal Anfang des Jahres 2002 besucht, als die einzigen ihrer Freunde, die ihr treu blieben, denn auch ihr liebster Freund, der selbst schwerkrank war, kam schon seit langem nicht mehr. Bald danach erhielten wir die Nachricht von ihrem Tod. Sie war gestürzt und hatte sich den Oberschenkelhalsknochen gebrochen. Die sofort vorgenommene Operation hat sie nicht überlebt. So blieb ihr ein langwährendes Krankenlager, ans Bett gefesselt, glücklicherweise erspart.

Einige meiner Schriftstellerkolleginnen und ich organisierten für Annemarie in Zeuthen, ihrem letzten Wohnsitz, im »Generationentreff« eine Gedenkveranstaltung, in der wir uns die kluge, scharfsinnige Kritikerin Annemarie Auer, als die sie lange gegolten hatte, die begabte Erzählerin und die uns nahe Freundin erneut ins Bewußtsein riefen. Es war der letzte Freundesdienst, den wir ihr erweisen konnten.

2002

Zu der Autorin

Elfriede Brüning wurde 1910 in Berlin als Tochter eines Tischlermeisters geboren. Besuch eines Oberlyzeums. Nach kurzer Lehre zur Bürokraft Arbeit als Redaktionssekretärin bei einer Filmfachzeitschrift. Daneben schon kurze Veröffentlichungen in der Boulevardpresse, später in großen bürgerlichen Zeitungen.
1932 Eintritt in den »Bund proletarisch-revolutionärer Schriftsteller«. Danach Mitarbeit an Blättern der Münzenberg-Presse.
1932/33 Arbeit am ersten Roman »Handwerk hat goldenen Boden« – der nach Hitlers Machtantritt nicht mehr erscheinen konnte und erst vierzig Jahre später unter dem Titel »Kleine Leute« in der DDR veröffentlicht wurde.
Nach Verbot des »Bundes proletarisch-revolutionärer Schriftsteller« 1933 illegale Arbeit bis zur Verhaftung Ende 1935 wegen »Vorbereitung zum Hochverrat«.
1934 erschien – als vermeintlicher Erstling – »Und außerdem ist Sommer« bei L. Staackmann, Leipzig.
1936 folgt im Schützen-Verlag der im Gefängnis entstandene kleine Liebesroman »Junges Herz muß wandern« und
1938 – wiederum bei L. Staackmann – »Auf schmalem Land«, ein Roman über die Kurische Nehrung.
Danach Schweigen bis Kriegsende.
Neuanfang 1945 zunächst als Journalistin und Reporterin und

ab 1950 freischaffende Autorin vielgelesener Bücher über Antifaschismus, Frauen- und Jugendprobleme. (»... damit du weiterlebst«, »Partnerinnen«, »Septemberreise«, »Kinder ohne Eltern«, »Wie andre Leute auch« u. a.).
Nach der Wende: »Lästige Zeugen« – Tonbandgespräche, »Kinder im Kreidekreis«, »Jeder lebt für sich allein« – Nachwende-Notizen, »Spätlese« – ausgewählte Erzählungen und die Autobiographie: »Und außerdem war es mein Leben«.
2003 folgte das Buch »Zeit-Besichtigung«, das Reportagen und Feuilletons aus sieben Jahrzehnten enthält.